1

MMTの定義

登《とう》場《じょう》人《じん》物《ぶつ》

荒川潤

株式会社MMTの営業部のエース。
口が上手く要領よく仕事をこなすタイプ。

高木武

営業部所属で荒川の同期。
ちょっと鈍くさいが、憎まれる要素のない人気者。

経済には疎く、本書では聞き手役。

飯山和也

荒川と高木の１年先輩。
経済学部出身で、日々の情報収集は欠かさない。

なあ…
日本の借金が千百兆円を超えたって知ってるか?
すごい数字だね
正直千百兆円って想像つかないなぁ…
そうだな…
ズラリ…
ベンツ3万車
ベンツが三万車買える位だな
いやだから分からんよ…
ズシン!
借金
ん-…この借金を返す為には
日本国民全員が870万ぐらい負担しないといけないらしいぜ
おいおい
俺なんて5年働いても100万も貯めれてないぞ!
貯金70万
貯金通帳
消費税UP
20%
ズン…
破綻
この分だと消費税20%か財政破たんの究極の二択を迫られる日も近いかもな…
ところが!
最近のMMTって理論だと
消費税0%にしても福祉も教育も経済政策も充実させられるかもって話だぜ
そんな都合のいい話あるのかよ~!
えーっ!
賛否両論あるみたいだから
とりあえず理論の中身をしっかり理解しないとだな

1-1 MMTとは何か

近頃、わが国において、財政をはじめとする経済の運営に関する、興味深いアイディアが関心を集めています。それが、「現代貨幣理論（MMT、Modern Monetary Theory）」です。

MMTが関心を集める背景には、わが国の中央銀行が経済に大規模にお金を供給しているにもかかわらず、金利が上昇していないことがとても強く影響しています。「金利が上がらないなら、政府がもっと国債を発行して景気刺激策を進めればよい」と感じる人は多いでしょう。確かに、政府が積極的に歳出を増やせば、一時的には景気が上向くでしょう。

一方、MMTには、裏付けが乏しいと考えられる部分がかなりあります。歴史を振り返ると、政府が借金を膨らませ、インフレが進行するだけでなく、社会が大きく不安定になったことは少なくありません。経済学者や中央銀行関係者の多くが、MMTに関して懐疑的な見方を持っています。

それではまず、MMTの定義を確認しましょう。MMTとは、自分の国のお金（通貨）で債券を発行できる（借金をする）国は、デフォルト（債務不履行、借りたお金（元本）およびその利息を約束通りに支払えなくなることがデフォルト）に陥ることはなく、政府は財政の悪化をそれほど気にせず積極的に国債を発行して景気刺激策を進めることができるという財政（国のお財布事情）の運営に関する理論です。簡単に言えば、自国の通貨で国債を発行できる国は、国債の発行によって財源を確保して雇用などを生み出し、望ましいと考えられる経済の状況を目指すことができるという主張です。MMTの条件には、①経常黒字（わが国が外国との経済取引（貿易、海外への投資、海外子会社からの配当金受け取りなどで）生じた収支がプラス）である、②自国通貨建ての国債の発行ができる、③インフレが起きていないことがあります。

「そんな都合の良い話はない」という指摘もあるでしょう。ですが、MMTを主張している人たちは、自分たちの主張に根拠があり、MMTが必要だと信じています。その根拠を「机上の空論だ」という人もいます。MMTを支持するか、支持しないかは人それぞれです。まずは先入観を取り除いてMMTを考えてみましょう。

MMT（Modern Monetary Theory）は、政府が国民から税金を徴収する力＝徴税力を持っていることを前提にします。MMTを支持する人たちは、自分の国の通貨で国債を発行できる国（政府）は、必要に応じてお札を刷れるから借金の返済に行き詰まることはないと考えます。徴税力を裏付けに、お札を自由に発行できるという考え方です。

MMTは、M（新しい）M（貨幣、お金の）T（理論）ということです。モダン（Modern）とは、現代的である、今風であるということです。つまり、従来とは異なる新しさがあるということです。次に、貨幣（Monetary）とは、わたしたちが日常的に使うお金（紙幣）などをイメージすればよいでしょう。なお、MMTを現代金融理論と訳する人もいます。この場合の金融とは、お金の融通（企業が銀行からお金を借りる）ではなく、国による資金の調達を意味します。

MMTの歴史は、さほど長くはありません。何人かの経済の専門家がMMTの教科書を出版するまで、理論が統一されているわけでもありません。経済の専門家の間でも、賛否両論、様々な見解があります。歴史が浅い分、研究者は少なく、MMTは経済学の中でも異端視されているようです。

借金はだれかの資産になる

MMTは、これまでの経済学が想定してきた「常識」と異なる発想を前提にしています。皆さんは国の借金についてどう考えますか？「借金はなるべくしてはいけない」「借金は困ったときに仕方なくするもの」という考えは当然です。

わが国の財政法第4条第1項は、『国の歳出は原則として国債又は借入金以外の歳入を持って賄うこと』と定めています。同時に、但し書きにて公共事業費などを行う際には、例外的に国債（建設国債）を発行できることが記されています。国債とは、国が財政赤字（歳出－歳入がマイナス）を賄うために発行する債券です。建設国債を発行しても歳入が不足する場合には、特別の法律を定め「特例国債（赤字国債）」を発行することができます。

一方、MMTの支持者は、借金の問題を怖がらなくてよいと考えています。そのかわり財政政策を通して政府は、必要とされるだけの雇用を生み出し、雇用を保障すべきと考えています。

もし皆さんが、「皆さんは働いて、お金を稼ぐ力を持っています。その力を裏付けに、自由にお金を借りることができます。返済の問題を気にする必要はないから、どんどんお金を借りて、食事でも旅行でも、好きなことを思う存分楽しんでください」といわれたとしましょう。

皆さんがそれを信じると仮定すると、多くの人がお金を借り、消費や投資を行います。その結果、モノやサービスを提供した人は収入を手にします。企業の儲けも増えるでしょう。これは、借金が資産を生むことを意味します。

これと同じようなことを、MMTの専門家たちは国単位で実施しようと考えています。「国は徴税力を裏付けに、自分の国の通貨で自由に債務を発行できる。通貨の発行は思うがままにコントロールでき、借金を返済できなくなることは心配する必要はない」と主張しています。その上で彼らは、借金が経済の活動を活発化させ、国民の資産（富）を増加させ、望ましい経済環境を達成できると考えます。

「好きなだけ借金をしていい」といわれると、皆さんはどう感じるでしょう。真っ先に頭の中には、「えっ？借金をしておきながら返済の問題を気にしなくていいなんて、そんなうまい話があるわけがない」という考えが浮かぶに違いありません。

借金は、必ず返さなければならないというのが、わたしたちの「常識」です。加えて、借金はただではありません。お金を借りると、そのレンタル料として金利を貸し手に支払わなければなりません。借りたお金を返すことができないと、わたしたちは周囲から信用されなくなってしまいます。

ただ、現在のわが国では、金利が非常に低い水準で推移しています。２０１９年６月上旬、10年物国債の流通利回り（長期金利）はマイナス０・１０％程度です。それに加え、物価もほとんど上昇していません。わが国の経常収支は黒字であり、海外から多くのお金を受け取っています。企業は多くの現金を持っています。

経済にお金を供給しても金利が上昇しないのであれば、政府は自国の通貨で国債を発行してより強力に景気を刺激し、望ましい経済環境を目指すことができるというのがＭＭＴです。

政府が物価をコントロールする

物価に関しても、ＭＭＴ主張者は従来とは異なる考えを重視します。

ＭＭＴを支持する専門家らは、「物価の上昇を怖がるな」と説いています。インフレのリスクを怖がると、政府の財政政策が慎重になってしまい、結果的に景気の回復が思うように進まなくなってしまうからです。ＭＭＴでは、政府には物価をコントロールする能力があると考えます。

例えば、政府が大規模に債券を発行して、インフラ投資などの公共事業を進めたとしましょう。公共事業が始まり、多くの人が建設現場などで働けるようになりました。コンクリートやアスファルト、橋などの建設に使われる鋼材など、多くのモノが必要とされます。モノが必要とされることを「需要」といいます。より多くのモノが必要とされる場合、景気が回復する中で、需要が高まりモノの価格が持続的に上昇する。これが、インフレです。

ＭＭＴでは、政府が望ましいと考える物価の水準を定め、その水準が達成されるまで財政支出を進めればよいと考えています。

もし、政府が適切だと考える水準を超えて物価が上昇し続ける恐れがあると考えられるのであれば、あらかじめ財政の運営に関する法律に支出を抑制する条項を盛り込めばよいとＭＭＴの専門家は主張します。

現在、世界的に、物価は低い水準で推移しています。わが国をはじめ米国、ドイツなどの主要国では、物価が上昇しづらい状況が続いています。かつてインフレに悩まされてきた中国などの新興国においても、物価は上昇しづらくなっています。その現実をもとに考えると、物価の上昇はさほど怖がらなくてよいという考えは人々の共感や支持を得やすくなっています。そうした社会心理の変化がMMTへの関心、支持を増やしているのでしょう。

金利が上がりづらく、物価も上昇しづらい中で景気を押し上げるためには、政府が積極的に財政の支出を増やすべきであり、そのために自国の通貨で国債を発行できる国は債務のリスクを気にすることなく財政政策を進めればよいというのがMMTです。

1-2 誰がMMTを提唱したか

MMTの提唱者

MMTが正しいと主張している人は少数です。多くの経済学者は、MMTに反対しています。MMT主張者の中でも、ウォーレン・モスラーとステファニー・ケルトンの主張は、MMTを理解するために大切です。

以下では、この二人の主張にフォーカスして、ＭＭＴがどのような経済運営のための考えであるか、深く掘り下げてみたいと思います。なお、他のＭＭＴ提唱者にはビル・ミッチェル（オーストラリアのニューカッスル大学教授）、ランダル・レイ（ミズーリ大学カンザスシティ校教授）などがいます。彼らは共同で論文を執筆するなどしており、以下の二人の主張を確認することで、ＭＭＴ支持者の基本的な主張がわかります。

ウォーレン・モスラー

ウォーレン・モスラーは、金融の実務家です。彼は、ファンドマネージャーです。モスラーのウェブサイトを見ると、彼は、ＭＭＴをリードする理論家であると紹介されています。

１９８３年にモスラーは仲間とともに投資会社を設立しました。その後、金融ビジネスにかかわる中で、彼は政府や中央銀行による経済の運営方法や経済政策に大きな疑問や不満を募らせました。経済政策とは、経済全体を望ましい状態にするために、政府や中央銀行が行う取り組みのことをいいます。具体的に、経済政策の柱は、金融政策と財政政策です。中央銀行は金融政策（短期の金利を上げたり、下げたりして、お金が経済に回りやすくすることなど）を担当します。財務省（政府）が財政政策（税収や国債の発行によって国の運営のためのお金を調達し、予算の取りまとめを通して必要な取り組み（インフラ投資や社会保障、国防など）を進めること）を担当します。

１９９７年にモスラーは雇用と物価に関する論文（Mosler, 1997）を発表しました。

モスラーの主張は、政府が物価の安定と雇用の創出を目指さなければならないということです。モスラーは、経済を運営するために政府はもっと責任を持って、積極的に動かなければならないと、政府の役割を重視しました。

モスラーは、政府が「失業者ゼロ」の環境を目指し、それを実現することができると主張しています。政府が国民に対して雇用を保証することといっても差し支えありません。

具体的にどうするかというと、政府が公的なサービスに関する仕事を失業している人に提供するのです。町の清掃や、役所などでの事務作業のサポートなどを思い浮かべればよいでしょう。とにかく、仕事にありつけていない人が収入を得られるように、政府が雇用を生み出すのです。この考えをモスラーは、最後の雇い手（The Employer of Last Resort：ＥＬＲ）と呼んでいます。

彼は、政府が最後の雇い手として仕事を生み出す際、新しい雇用の創出にかかるコスト（給料など）を政府が決めればよいと考えています。言い換えれば、政府がすべての人が働く機会を生み出し、十分な生活ができる水準の給料を支払えば、物価は安定し、失業もなくなるというのがモスラーの主張です。

加えて、モスラーはお金の役割にも言及しています。わたしたちが国に税金を支払う際は、その国のお金（法定通貨、わが国であれば円）を使います。納税は国民の義務であり、それを果たすためにお金が必要です。モスラーは、政府が税金を集める力を持っていることがお金の価値を支えている、だから政府の目的に合わせてお金を刷ればよいと考えています。

確かに、政府は税金を集める力を持っています。ただ、それが、政府の好きなように国債を発行して資金を調達し、経済を上向かせることにつながるか、厳密な論証はなされていません。モスラーの主張は、あくまで自分の考えはこうだと示したものにすぎません。

多くの経済の専門家が、政府が国債を発行し、積極的に雇用を生み出しつつ物価をコントロールできるという主張に違和感を持ち、根拠がないと指摘します。ＭＭＴがより多くの専門家の賛同と支持を得るには、いまだ不十分な部分があるということです。

ステファニー・ケルトン

ステファニー・ケルトンは、現在はニューヨーク州立大学ストーニーブルック校で公共政策と経済学の教授を務めています。近年、ケルトンは世界的に注目されています。今後もＭＭＴの伝道者としてケルトンは注目を集めるでしょう。

ケルトンの主張のポイントは、①政府・政治家は財政赤字を気にしなくてよい、②インフレは政府がコントロールできる、の2点です。これを考えるためには、税金とお金の関係をよく理解することが大切です。ＭＭＴの根幹は、税が通貨の供給や物価にとても重要な影響を与えることです。

わたしたちが使っているお金に価値があるのは、その価値を政府が担保しているからです。１０００円札で１０００円の買い物ができるのは、政府が１０００円札に、それだけの価値があることを認めているからです。これを強制通用力といいます。強制通用力とは、通貨（紙幣など）の額面で示された価値で、最終的な支払を成立させることをいいます。

政府の信用力を支えるのが税金を集める力です。先ほどお示しした通り、わたしたちは納税する際に、法制通貨を使います。お金で税金を納めることができるから、人々がその価値を認め、モノやサービスの取引などにお金を使います。ケルトンは、米国やわが国のように、経済や法律の制度が確立され、人々が日々の生活に困っていない国においては、政府はその徴税力をもとに国債を発行して、財源を確保すればよいと考えています。

もう一つ、ケルトンの主張で大切なのが、政府がインフレをコントロールできるという考えです。ケルトンは、財政赤字を恐れてはならないと説くと同時に、物価が急速かつ大幅に上昇することは問題であるとも考えています。そのため、想定外に物価が上昇した場合には、政府が支出を絞って、過度な需要の高まりを抑えればよいと考えています。

ここで一つ、次のような状況をイメージしてみましょう。もし、政府が税金の徴収をやめると、どうなるでしょうか。税金の負担を気にすることなく、人々は好きなようにお金を使うでしょう。この結果、需要が高まりすぎ、物価が上昇してしまう恐れがあります。インフレが進行すると、モノの値段が大きく上昇してしまい、わたしたちの日々の暮らしに無視できない影響が生じかねません。それは、景気にマイナスです。物価が上昇する中で政府が税金を引き上げると、人々は納税のためにお金を蓄えようとするでしょう。その分、消費が減少し、物価の上昇が落ち着く可能性があります。

これまでの経済学の考え方では、中央銀行に物価安定の責務が課されてきました。しかし、ケルトンは、中央銀行ではなく政府が物価をコントロールできると考えています。

以上のように、ケルトンの主張は、今日の政府、中央銀行に関するわたしたちの理解とは大きく異なります。その状況は、天動説と地動説をめぐる論争のようです

1-3 いつから、なぜ、ＭＭＴが注目されているのか

日本経済の状況や米国政治の影響

いつから、なぜ、ＭＭＴは注目されるようになったのでしょう。この点に関して、日本経済の状況や米国政治の影響は大きいと思います。

一般的には、２０１８年半ば頃から米国でＭＭＴは注目をされ始めたとの指摘が大半です。それに異論はありません。

それ以前からＭＭＴへの関心を高め得る動きがありました。特に、わが国の経済の状況は、ＭＭＴが注目される一つの要因になったと思います。アベノミクスとわが国の経済の環境がそれです。

特に、２０１６年頃からのわが国の経済状況は重要です。理由は、巨額のお金が経済（金融機関、企業や家計）に供給された上でさらに金利が引き下げられたからです。毎年度、政府の予算規模も増えています。一方、

わが国ではインフレのリスクが抑制されています。これはMMTが想定する状況に似ています。

国内では、2017年度まで6年連続で、企業の手元資金は過去最高を更新し、その額は446兆円に達しています。先行きへの不安に加え、投資すべき案件が見当たらないため、日本企業はお金をため込んでいます。この状況下、政府が積極的かつ大規模に公共事業あるいは新しい取り組みを進めるために財政政策を進め、需要を喚起することは重要との考えが強まり、MMTが関心を集めてきました。一方、MMTには賛成できないが、節度ある範囲で政府が財出を進め、民間の投資を喚起すべきと考える専門家も増えています。

加えて、2016年、米国の大統領選挙戦においても、MMTが注目をされました。そうした経緯があったからこそ、MMTへの関心が徐々に高まってきたのです。

2016年、どういうことがあったかかを確認しましょう。それによって、なぜMMTが注目されるようになったか、理由がわかります。

2016年1月末の日銀マイナス金利政策導入

わが国の経済状況は、MMTへの関心の高まりに無視できない影響を与えています。特に、中央銀行である日本銀行の金融政策は重要です。まず、次頁の図1のグラフを見てください。

重要なことは、中央銀行が積極的に資金を供給しているにもかかわらず、わが国の金利が低下しているという事実です。

金利が低下すれば、政府が国債を発行する際の利払い費用は少なくなります。その分、政府は歳出を増やしやすくなります。加えて、わが国では物価も上昇していません。インフレが進行せず、金利も上昇しないというのは、ＭＭＴが想定していることと、とてもよく似ているのです。

簡単にマイナス金利政策導入までのわが国の金融政策を確認します。

２０１３年4月、日本銀行（日銀）は2年で2％のインフレ率を実現すると表明し、金融を緩和しました。つまり、経済に、たくさんのお金を供給し始めたのです。２０１４年10月以降、日銀は声明文上、年間約80兆円の国債を流通市場から買い入れています。日銀は、銀行などの金融機関が持っている国債を買い入れ、その代わりにお金を供給しています。

日銀は、多くのお金を経済に供給すれば人々がより活発にお金を使うようになり、経済が活発化するようになると考えました。言い換えれば、日本銀行は、お金を供給して資金の調達コストを引き下げることでお金の流通速度を高め、需要

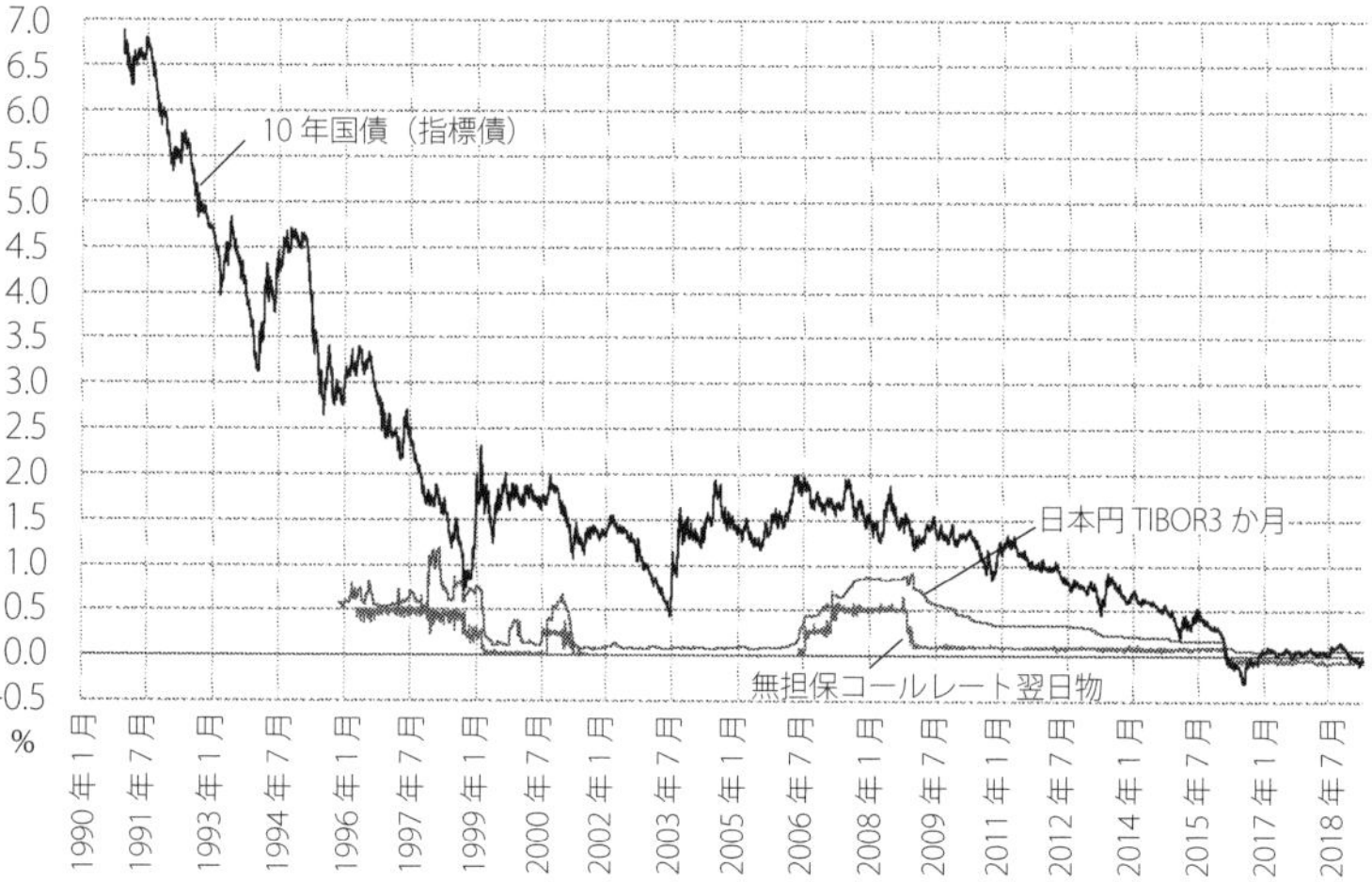

図１　わが国の短期・長期金利の推移（データ出所：財務省、日本銀行）

を喚起してデフレ経済からの脱却を目指しました。

しかし、わが国の物価は上昇しませんでした。需要が想定された通りに回復しなかったからです。日銀はさらに金利を低下させて、借り入れのコストを引き下げようとしました。2016年1月、日銀はこの考えを実践すべく、無担保コールオーバーナイト物の金利（今日お金を借りて明日返す際の金利）をマイナス0・1%に引き下げ、マイナス金利政策を導入しました。これは、金利に一段の低下圧力をかけ、需要をさらに喚起しようとする政策です。

マイナス金利政策の導入を受け、長期金利は一段と低下しました。これによって、民間の銀行が日銀に預けている一部のお金にマイナスの金利が適用されることになりました。

金利がマイナスになるということは、お金を貸す人が、借りる人から金利を受け取るという関係を逆転させます。国債を発行する政府にとっては、利払いのコストを抑えつつ、歳出を増やしやすくなります。

マイナス金利には、銀行（お金の貸し手）の収益力を奪うというマイナス面もあります。2016年9月、日銀は金融機関の経営に配慮し、短期の金利と長期の金利の両方をコントロールすると表明しました。以降、短期金利も、長期金利も、非常に低い水準で推移しています。同時に日銀は、国債の買い入れを続け、巨額のお金が経済に供給し続けています。にもかかわらず、金利は上昇していません。インフレも発生せず、政府はデフレ経済からの脱却を表明できていません。

２０１６年米国大統領選挙戦におけるＭＭＴへの注目

２０１６年１１月、米国では大統領選挙が実施されました。２０１６年の大統領選挙戦の中で、ＭＭＴ提唱者の一人ステファニー・ケルトンは民主党の急進左派、バーニー・サンダースの顧問を務めました。これはＭＭＴへの注目が増えるもう一つの契機になりました。

サンダース氏は自らのことを「民主社会主義者」と呼ぶほどに、政府が積極的に経済の運営に関与すべきだと主張しています。

当初、政府の役割を重視するサンダースは、異端の政治家として泡まつ候補扱いされていました。しかし、最終的にサンダースは民主党の最終候補に残ったヒラリー・クリントンと民主党の指名候補争いを演じ、大きく注目されました。

サンダースが主張した経済政策は、次のようなものでした。公立大学の学費を無料にする、医療の国民皆保険制度を実現する、最低賃金を引き上げる、インフラへの投資を増やす。いずれも、財政の支出を必要とします。

積極的な財政政策の活用を目指すサンダースの主張の背景には、ＭＭＴに基づき政府は財政赤字の拡大を恐れることなく積極的に歳出を増やして景気の安定を目指すべきというケルトンのアドバイスがあったはずです。加えて、サンダースは富裕層への増税も重視していました。

これは筆者の推論ですが、２０１６年大統領選にてサンダースの顧問を務めたケルトンは、わが国の金融政策と物価、金利の状況を参考にしたはずです。わが国の経済の状況がケルトンにＭＭＴがワークするという思いを抱かせたことは、彼女のインタビューからもうかがえます。この点に関しては、「1．5日本がMMTの先駆者?」で取り上げます。

中央銀行が積極的に巨額の資金を経済に供給しているにもかかわらず、日本では金利が上昇していません。同時に政府の予算規模は年々増加しています。それでもなお、金利は低位に安定しています。インフレのリスクも高まっていません。

いうまでもありませんが、わが国は財政政策と金融政策を切り離して運営しています。政府が発行する国債を、日銀が直接引き受けることはできません。

ただ、その2つの経済政策をつなぎ合わせて考えてみると、どうでしょう。わが国の財政と物価（金利）の状況はMMTの考えにとてもフィットしているように見えてしまいます。

2016年大統領選挙戦でのサンダースの躍進は、若い世代にも非常に強い影響を与えました。その一人が、「AOC」のイニシャルで知られているアレクサンドリア・オカシオ＝コルテスです。2018年6月、米中間選挙の予備選挙にて、オカシオ＝コルテスはニューヨーク選挙区で下院民主党ナンバー4のジョセフ・クローリー下院議員を破り、中間選挙にて下院議員に当選しました。

オカシオ＝コルテスはプエルトリコ系移民の両親のもとに生まれ、議員に当選する1年ほど前までレストランで働いていました。企業からの献金を受け取らず、若者を中心にSNSで支持を集め、最年少で下院議員に当選しました。彼女は、移民、ワーキングクラス、若者の代表者として急速に注目を集めています。

オカシオ＝コルテスはMMTを支持しています。オカシオ＝コルテスは「グリーンニューディール政策（再生可能エネルギーの利用の促進や地球温暖化対策を通して経済を成長させることを目指す政策）」の財源としてMMTを重視しています。この結果、MMTを取り上げる報道などが増え、関心が高まりました。

1-4 MMTとポピュリズムの関係

歴史を無視したMMT

MMTの主張には不安な部分が少なくありません。その一つの理由が、MMTは歴史の教訓を踏まえていないと考えられる点です。

今日、各国の経済政策には、歴史の教訓が反映されています。経済学者は過去の経済の環境を分析し、なぜそうなったか、原因と結果を合理的な理屈で結び付けてきました。過去、権力者が自由にお金を発行できるようになってしまった結果、ハイパー・インフレ（物価の高騰）が起き、社会も大きく不安定になったことが多くありました。多くの経済学者がMMTに異を唱えるのは、財政赤字を続けると、インフレが進むという歴史が繰り返されてきたからです。MMTはそうした歴史を直視していません。

財政政策と政治家の関係

財政政策を運営するのはその国の政府です。

政治（政治家）の役目は、長期の視点で多様な利害を調整し、社会の発展を目指すことです。政治家にとって、財政政策は有権者からの支持を獲得し、政治家としての使命を全うするために重要です。

経済は、期待される収益が大きいほうへお金が向かいます。金利でいえば、お金は金利の低いほうから高いほうに流れます。そのため、経済はある程度の合理性に基づいて動きます。しかし、政治は感情に影響されます。まさに、好き、嫌いの世界です。政治家は、有権者から好かれなければなりません。

政治家にとって、財政政策は人気獲得のための重要な手段です。

政治家は地元で公共事業などを実施し、雇用や所得を増やし、有権者からの支持を獲得したいというインセンティブを常に持っています。これは政治家の性（さが）であり、宿命です。親から子へ、子から孫へと世襲を目指す政治家もいます。その結果、特定の政治家一族と、地元の有力企業などが強く結び付き、既得権益が生まれます。経済が右肩上がりの成長を続けている間、これが大きな問題になることはないでしょう。経済成長は、多少の問題があったとしても、それを補って余りある雇用と所得の増加をもたらします。まさに「あばたもえくぼ」です。

しかし、経済の成長が行き詰まると、そうはいっておれません。経済の成長率が低下するということは、わたしたちが受け取るお給料と企業の収益の減少を意味します。お給料が減ると、多くの人が不満をため込みます。既得権益に対する怨念も募るでしょう。

既存の政治家が世論の不評を買ってしまうと、不満を取り込んで自らの影響力を発揮しようとする新しいタイプの政治家が登場します。これがポピュリズム政治家です。彼らにとっても財政政策は、人気獲得のために重要です。

ポピュリズム政治家とは

足許、世界各国で大衆迎合的な政治＝ポピュリズム政治が有権者の支持を得ています。なぜなら、リーマンショック後、従来の政治家が、人々が満足できるだけの経済成長を実現できなかったからです。

ＭＭＴは財政政策に関する考え方です。財政赤字を恐れずに積極的に支出を増やして景気の安定を目指すという考えは、ポピュリズム政治家にとって実に魅力的な点数稼ぎの手段に映ります。

ポピュリズム政治家とは、大衆に迎合する主張を行い、支持を得ようとする政治家をいいます。具体的には、その国の官僚（エリート）やベテラン政治家、企業家を批判し（アンチ・エスタブリッシュメント）、大衆の不満を代弁して目先の支持獲得を目指します。

ポピュリズム政治には様々なタイプがありますが、アンチ・エスタブリッシュメントと近視眼的な発想をもとに「自分が真の人民（国民）を代表する政治家だ」と主張することが、共通点です。寛容性や多文化・多民族の価値観を尊重するのではなく、「自分たちは選ばれしものであるという」排他的な、特定の集団の意見を重視する政治がポピュリズム政治です。

経済の低迷がポピュリズム政治家を生み出す

近年、世界経済全体で景気の勢いは強くありません。世界経済の中で独り勝ちの状況にある米国でさえ、リーマンショック前の賃金水準を回復できていません（図2）。

賃金が増えない状況に多くの人々が不満をため込んでいます。彼らは、自分たちが厳しい状況に直面しているのは、政治家のせいだと考えています。それがトランプ大統領の誕生につながりました。トランプ大統領は、移民受け入れに反対する一方、減税やインフラ投資など、拡張的な財政政策を重視しています。

ＥＵやユーロ加盟国では、自分の国の政策を、自分の国が自由に決めることができない状況に多くの人が不満を抱いています。その上、中東や北アフリカからの難民が欧州各国に押し寄せ、移民や難民排斥の動きも鮮明化してきました。

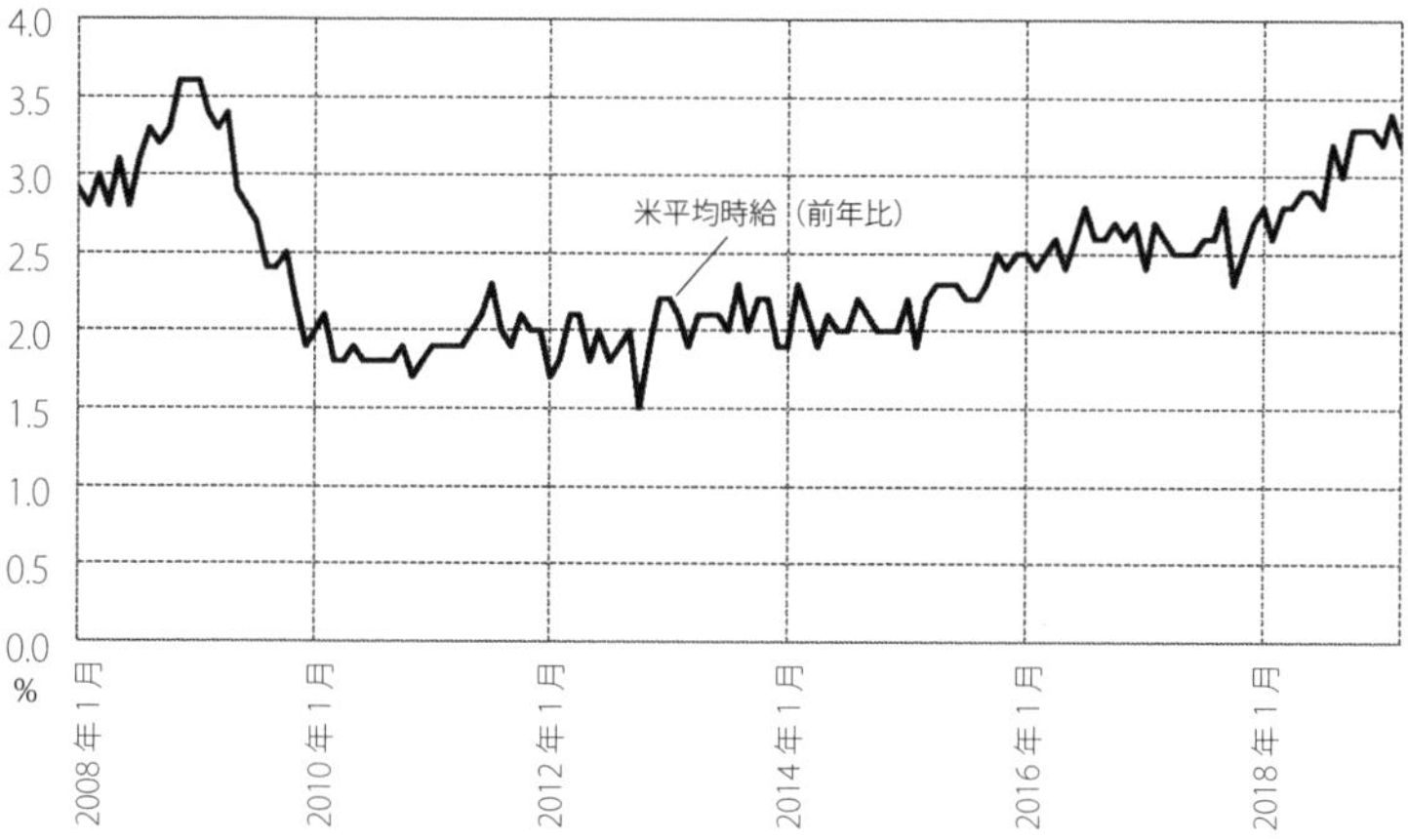

図２　米国の時間当たり賃金推移（データ出所：米国労働省）

1999年のユーロ発足以降、イタリアでは、一人当たりの所得がほとんど増えていません。賃金が増えない状況に有権者は不満を募らせました。その結果、2018年の総選挙にて、ポピュリズム政党が政権を手に入れました。その一角を担う「同盟」は、EUのルールを無視して積極的に財政支出を拡大しようとしています。同盟は、財政支出を増やすことこそが、イタリア国民の富を増やし、イタリアの繁栄につながると主張しています。さらにイタリアのポピュリスト政治家はECBに自国債務の減免を求めました。

フランスでは、燃料税の引き上げに反対する反対運動（黄色いベスト運動）が起き、一部では暴動と化しました。デモを鎮静化するために、財政の再建など経済の改革を進めようとしていたマクロン大統領は最低賃金の引き上げなど、財政支出の拡大を余儀なくされています。

ポピュリズムとMMTの接近

有権者が低成長の経済環境に不満を募らせる中、ポピュリズム政治家にとってMMTは魅力的です。イタリアなどの政治状況を見ると、財政運営の考え方はMMTに近づいているといわざるを得ません。これは、不安な兆候です。

歴史を紐解くと、政府が民衆の支持を得るために積極的に財政の拡張路線を進め、その結果としてハイパー・インフレが起き、社会が大きく混乱したケースが多くあります。

1919年、第1次世界大戦に敗れたドイツは、ベルサイユ条約によって連合国に巨額の賠償金を支払うことを命じられました。1921年にはドイツの賠償額が確定し、賠償金の支払いが始まりました。

しかし翌年になるとドイツの財源は枯渇し、これに腹を立てたベルギーとフランスが賠償金の取り立てのためにルール工業地帯を占領しました。ドイツはこれにストライキで抵抗します。政府は、ストライキに参加する労働者を支援するために賃金を支払いました。この背景には、政府への支持をつなぎとめる目的がありました。

もともと、戦費確保のために戦時中からドイツではインフレが進行していました。それに加え、工業地帯の生産能力の大幅な低下と賠償金負担による財政悪化が重なり、ドイツはハイパー・インフレーション＝物価高騰に見舞われます。

この結果、ドイツ国民は困窮し、社会心理は大幅に悪化しました。国民は、インフレは政府の責任であると考え、ポピュリズム政治への支持が増えたのです。1923年にはアドルフ・ヒトラーらがクーデター未遂事件を起こし、ドイツ国内は大きく混乱します。ハイパー・インフレに端を発する社会心理の悪化はドイツの既存政治への不信を招きました。

その後、ハイパー・インフレは落ち着いたものの、1929年に発生した世界恐慌によってドイツ経済は大きく落ち込み、政治体制（ワイマール共和国政権）への不信感が急速に高まった結果、ナチスが台頭したのです。

第1次世界大戦の戦後処理にイギリスの代表として参加した故ジョン・メイナード・ケインズは、ドイツにとって賠償負担が経済の破綻につながりかねないと考えました。ケインズの脳裏には、ドイツ経済の破綻は欧州に大きな混乱をもたらし、社会不安を招くとの危惧があったのです。ケインズは、国際協調における資本主義経済の持続的な成長を目指しました。その目的を遂げるために、ケインズは景気が大きく落ち込んだ際には一時的に財政を拡張し、有効需要を生み出すべきだと説きました。

1-5 日本がＭＭＴの先駆者？

わが国の財政の状況

バブル崩壊後のわが国の財政状況は悪化してきました。にもかかわらず、物価は上昇せず、金利は低下しています。財政運営が行き詰まっているわけでもありません。一見すると、日本経済と財政の状況は、ＭＭＴが目指す状況に近いといえます。そのため、ＭＭＴを支持する人にとって、日本がＭＭＴの先駆者と映ることもあるようです。一方、伝統的な経済学の理論を学び、歴史の教訓に基づいてＭＭＴに批判的な経済の専門家は、わが国の財政悪化はいち早く食い止めるべきと考えます。

以下では、バブル崩壊から現在までの国内経済の状況を、株価の推移をもとに確認します。その上で、わが国の財政状況を確認します。

バブル崩壊後の経済状況

1980年代後半から1990年代初頭にかけて、わが国では「資産バブル（株式と不動産の価格が理屈で説明できないほど急騰する経済状況）」が発生しました（図3）。

1985年の年末、13、000円台だった日経平均株価インデックスは、1989年末には38、915円台まで、約3倍も上昇しました。これがバブルのピークでした。ピークを境にバブルははじけ、わが国の景気は減速しました。

バブルが崩壊すると、資産の価格が急速に下落します。歴史を振り返ると、数年で資産の価格が数倍になると、バブルはピークを迎えたことがわかります。その後、バブルが崩壊すると、株価などは上昇してきた時間の半分程度の期間に、半分の価格にまで下落してしまうことがあります。1992年年末、日経平均株価は16、900円台にまで下落しました。それ以降、わが国は失われた30年と呼ばれるほどの長期の低迷に陥っています。

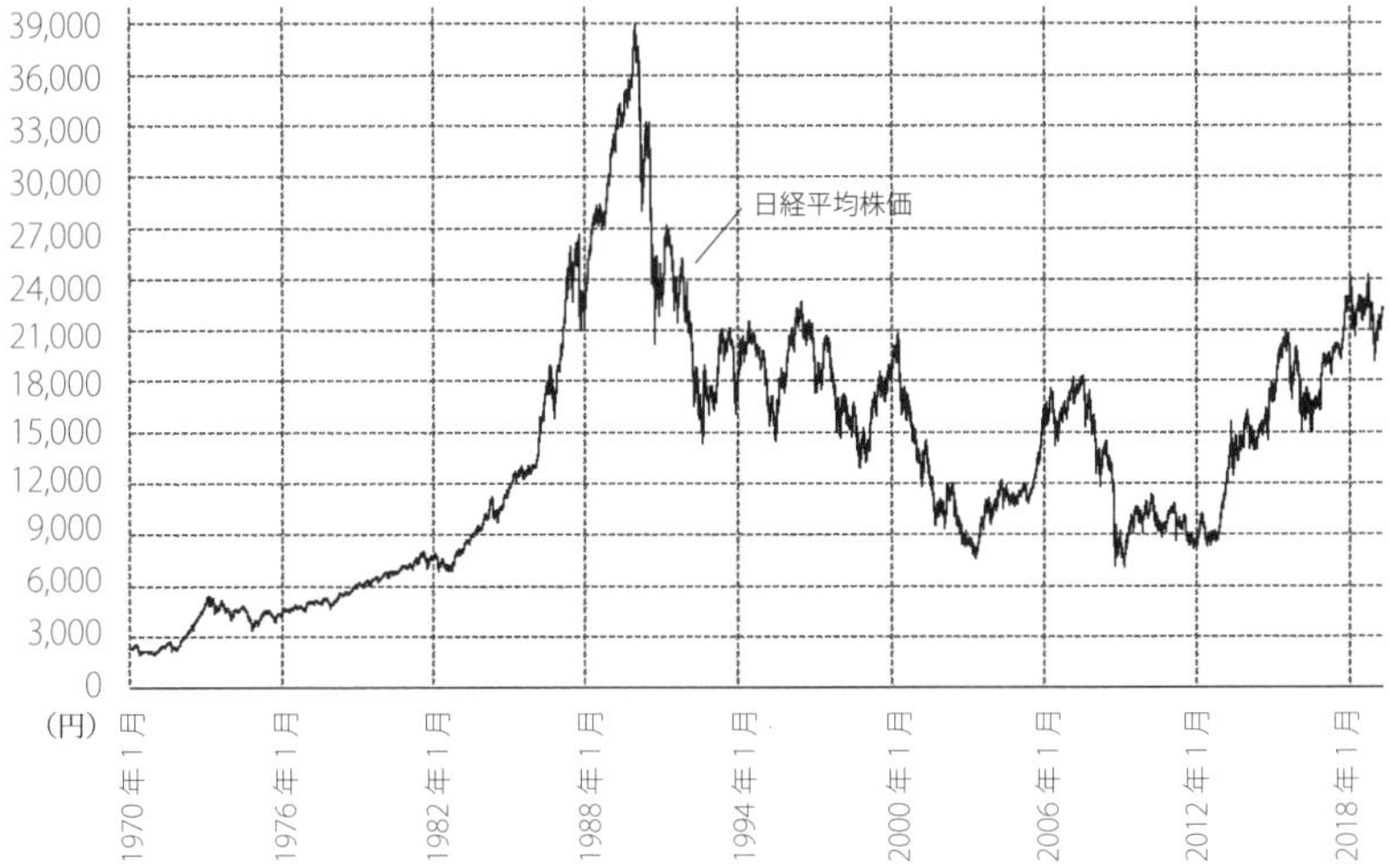

図3　日経平均株価の推移（データ出所：Google Finance）

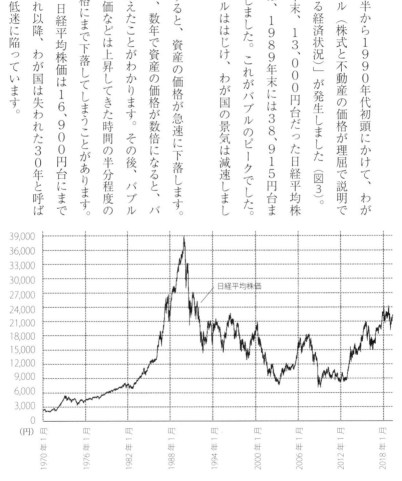

景気の悪化を受けて、わが国では日本銀行が利下げを行いました。１９９０年８月、政策金利は６・００％でした。１９９５年９月には政策金利が０・５０％まで引き下げられ、その後も日銀は積極的に金融の緩和を進めました。

しかし、国内の経済は停滞し、株価も上昇トレンドには戻りませんでした。リーマンショック後の株価に注目すると、２０１１年１０月頃に株価は下げ止まり、上昇に転じています。その背景には、米国の緩やかな景気回復に支えられて、ドル高円安が進み、わが国の企業業績がかさ上げされたことが強く影響しています。

バブル崩壊後の財政状況

バブルが崩壊した後、わが国の財政状況は悪化しています。財政赤字が膨らみ、国の借金が増えています（図4）。

わが国の財政の状況は平成の時代に入って以降、大きく変化しました。

バブルの崩壊後、景気は低迷し、税収が減少しました。税金は国にとって重要な歳入源です。一方、バブル崩壊後の景気対策や、高齢化に伴う社会保障のための支出が増え、財政の支出全体は増加しています。歳出が増加する一方で歳入が減少を続け、財政赤字が拡大しています。

１９９０年代初頭にバブルが崩壊した後、政府は景気対策を打ちました。その財源を確保するために、普通国債（公共事業の財源となる建設国（公）債と、それ以外の財源となる特例国（公）債など）の発行が増えました。政府は、公共工事を増やして、国内の建設業者を中心に雇用と所得を守ろうとしたのです。１９９７年度まで、政府は公共事業関係の予算を増やしました。ただ、インフラ整備が一巡していたわが国にとって、公共工事は一時的な効果はあったものの、経済成長の持続性を高めることにはつながりませんでした。

２０００年代に入り、歳出の増加圧力にはいったん、歯止めがかかりました。しかし、２００８年９月のリーマンショックの発生により日本経済は急減速して税収が減少しました。一方、高齢化の進展に伴い、医療や介護などの費用が増加し、歳出は拡大基調にあります。加えて、わが国の国債費（利払いや元本の支払い）も増えています。

公的債務の累積と金利低下

増加する歳出を、わが国は税収で

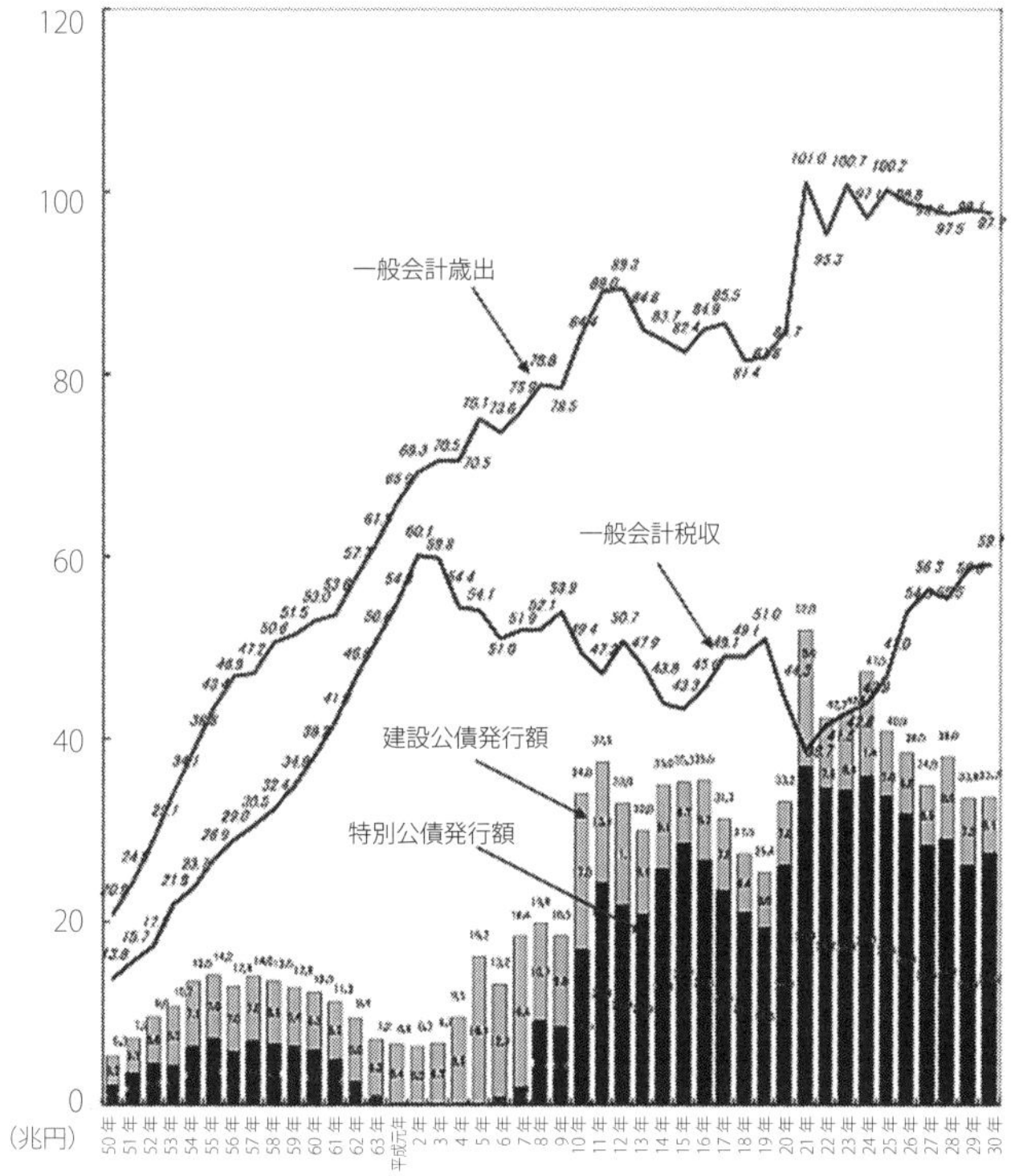

図４　歳出と歳入の推移（出所：財務省）

賄うことができていません。長引く景気の低迷、人口の減少などにより、歳入はバブル期の水準を上回るまでには至っていません。その結果、国債の発行は増加し、ＧＤＰに対する債務の残高の比率は２３０％超に膨らんでいます（図５）。

ＯＥＣＤ（経済協力開発機構）は、日本は債務残高を引き下げて財政の持続性を高める必要があると指摘しています。歳出の削減に関してＯＥＣＤは社会保障関連の支出を削減しなければならないと考えています。ＩＭＦ（国際通貨基金）はわが国が、プライマリーバランス（その時点の税収で、政策に必要な費用をどれだけ賄えているかを示す指標）の着実な改善に取り組まなければならないとしています。

この状況を個人に置き換えて考えてみると、お給料以上にお金を使いすぎ、銀行などから日々、お金を借りる状況が当てはまります。一般的に、借金が増え続けると、お金を返す能力（信用力）への不安が高まります。これを信用リスクが高まるといいます。信用リスクの上昇に不安を感じた銀行や信販会社は後々の返済が行き詰まることを恐れ、お金のレンタル料である貸し出しの金利

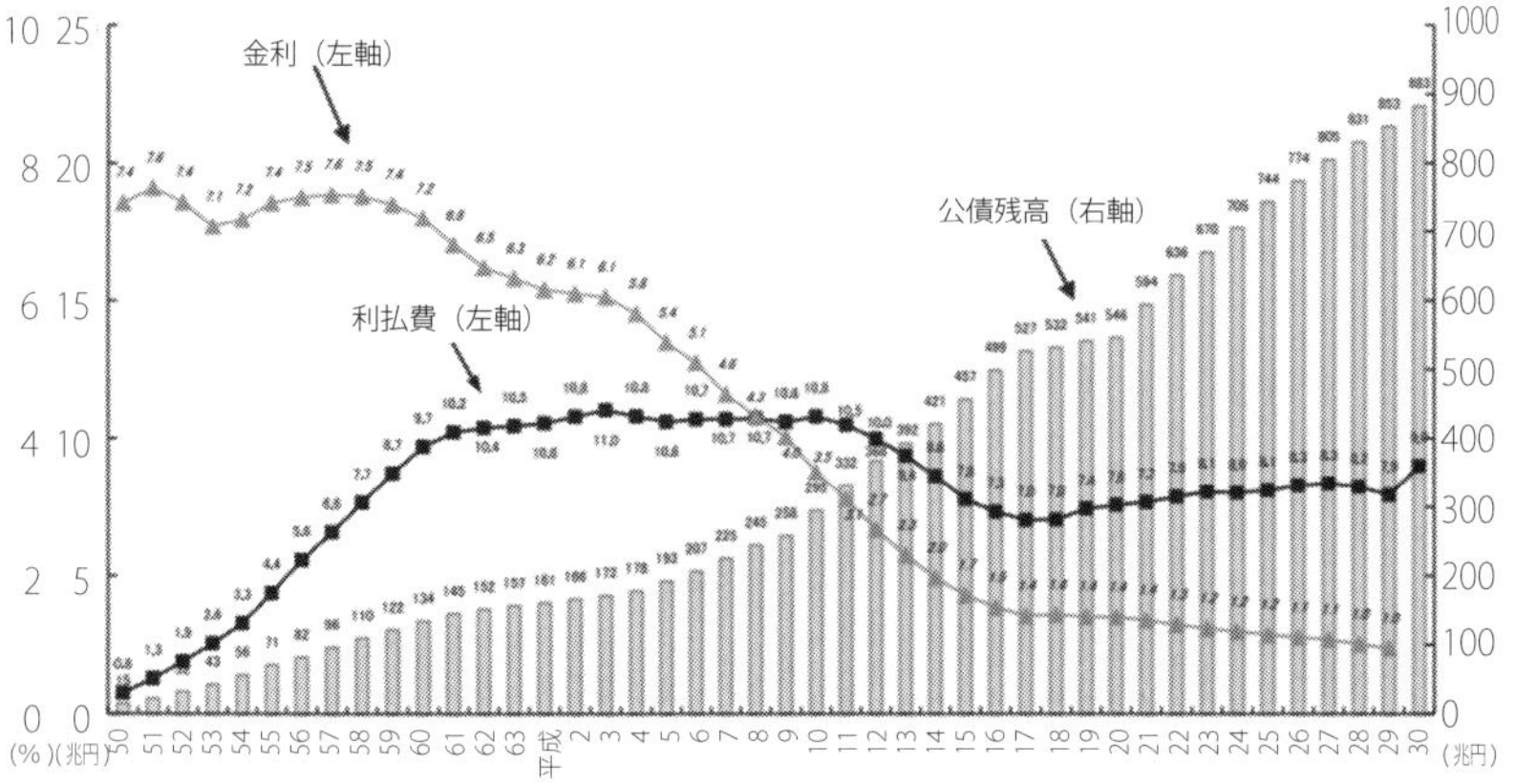

図５　公債残高、金利、利払い費の推移（出所：財務省）

を引き上げたり、1度に貸してくれるお金の額を減らすでしょう。

国にも同じことが当てはまります。財政赤字が増加し、国の借金が増え続けると「本当に元本と利払いを約束通りに支払えるのだろうか」と国債に投資する投資家や金融機関は不安になってしまいます。伝統的な経済学の理論では、財政の内容が悪化している国の金利は、信用リスクの高まりを反映して、上昇すると考えます。

2010年以降のユーロ圏では、ギリシャが債務の返済に行き詰まり、急速かつ大幅な金利上昇に見舞われました。同じことが、ポルトガルでも発生しました。その結果、2012年にはイタリアやスペインにまで財政不安が飛び火し、金利が急騰しました（図6）。

しかし、わが国の金利は上昇していません。

公債残高が増えることは、理論的にはわが国財政の持続性（国の返済能力が維持されること）への懸念を高めます。公債残高が増える一方、わが国の金利は、バブルが崩壊して以降、一貫

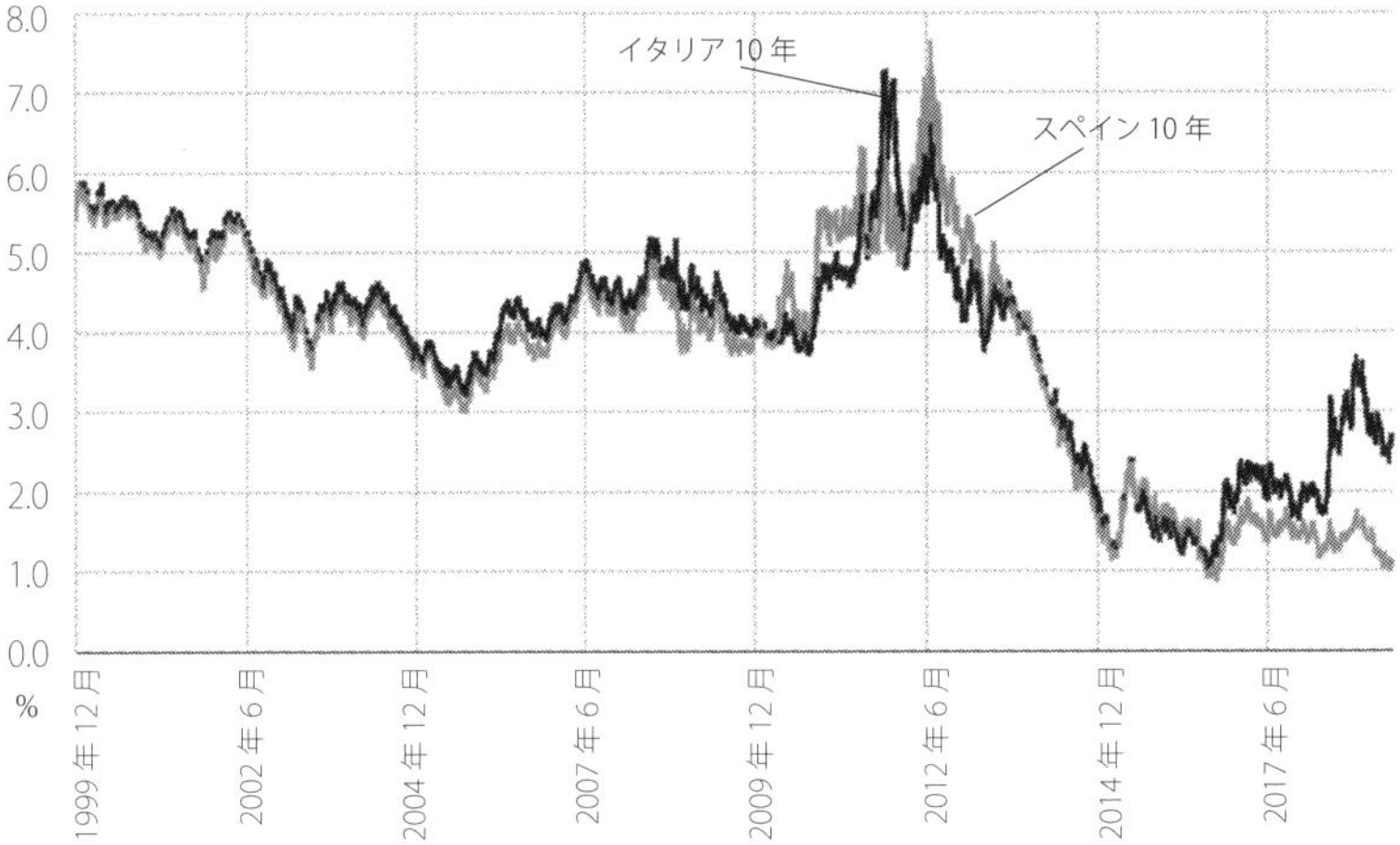

図6　イタリアとスペインの長期金利の推移（出所：ECB）

して低下基調をたどっています。

２０１９年６月の本書執筆の時点で、わが国は、お金を借り続けると信用リスクが上昇し、その分、金利が上昇するという状況にはないといえます。将来は不確実ですが、現時点では財政のリスクが高まっている状況にはないと考えられます。国内の金融市場では、わが国の財政に関する不安は高まっておらず、政府は低金利でお金を調達することができています。加えて、物価も日銀が目指している２％に達していません。

日本経済とＭＭＴ

わが国はＭＭＴを実践してきたように見えてしまいます。全くその意図はないが、結果的にはそう見えてしまうということです。

ＭＭＴの定義は、自国の通貨で発行された国の借金はデフォルトしないため、政府は財政の悪化をさほど気にせず景気の安定に取り組むことができる、です。

まず、日本には自国通貨である円があります。これは、自国の通貨で債券を発行できるというＭＭＴの条件を満たしています。

次に、わが国の国債のデフォルトが懸念されているかに関しては、慎重な議論が求められます。ＭＭＴ主張者は、金利が低下しており、政府は問題なく国債を発行できているため、デフォルトを恐れてはならないと考えます。なお、ほとんどの経済学者は、このまま債務の残高が増加し、歳出も増えると、いずれ、日本の財政は行き詰まり、国家としての返済能力および信任に疑義が生じると考えています。歴史を見ると、財政の赤字はインフレを引き起こし、社会不安につながりました。ただ、いつ、そうなるかはわかりません。

MMT論者は政府が税率を変更するなどして物価はコントロールできると考えています。わが国はデフレ経済から脱却できていません。政府は「デフレではない状況にはなっている」ことは認めていますが、デフレ脱却は宣言できていません。つまり、インフレのリスクが高まっているわけではないのです。

MMT提唱者のステファニー・ケルトンは、日本経済新聞社のインタビューにて「日本はMMTを実証してきた」と述べました。日銀による国債の買い入れが国債の発行を支え、財政赤字は問題化していない。日本は財政赤字を気にする必要はなく、日銀は望ましい金利の水準を維持することもできるとケルトンは述べています。MMTを主張する人にとって、結果的にわが国はMMTに取り組んでいたように見えるということです。加えて、わが国の経常収支は黒字です。ならば、もっと国債を増発して望ましい経済状況を目指してもよいという主張が勢いを増す可能性は軽視できません。

1-6

MMTの問題点

MMTは常識に反する?

これまでMMTの定義や注目され始めた理由などを説明しました。それによって、MMTが常識に反していることが感じていただけたと思います。これが最大の問題です。

自国の通貨で債務発行できる国の国債はデフォルトしない、政府は財政赤字を気にする必要はない、といった考えは、現実にはあり得ません。仮に、そうした状況が実現すれば、人々の暮らしは一時的に楽になるかもしれません。MMTはそうした淡い期待というか願望のようなものを人々に抱かせる可能性があります。特に、足許の世界経済では、所得が増えづらいことに多くの人が不満を感じています。

ただ、MMTを支持する経済学者は、筆者が調べた限り、ケルトンをはじめ少数です。筆者自身、MMTには問題があると思います。経済学者の多くが、MMTに疑問を感じ、批判をするなどしています。

最も重要なことは、わたしたちの常識に照らして考えた場合、借金を膨らませてよいという主張はどうしても受け入れることができないということです。ノーベル経済学賞を受賞した米国の経済学者ポール・クルーグマンは、「金利の水準が成長率を上回ると、債務は雪だるま式に増える。債務を無限大に増やすことはできない。富以上に債務を増やすことはできない。債務が増えれば増えるほど、人々はそれを保有することに対するより多くの見返り（金利）を求める」と指摘しています。これは、ごくごく当たり前のことです。

また、未来永劫、経済が成長を続けることはあり得ません。景気が良いということはGDP成長率がプラスで推移するということです。経済の歴史を振り返ると、景気は悪いとき（GDP成長率がマイナス）の状況から回復し、ピークに至り、その後、再び減速するというサイクルを繰り返してきました。これを景気の循環と言います。景気が悪くなると、債務問題は、本当に深刻になります。

根拠なき熱狂

1980年代後半から1990年代初頭にかけて資産バブルが膨張する中、わが国では多くの人が将来に対する過度に強気な期待を持つようになりました。先行きの経済が成長間違いないと多くの人が妄信し、根拠なき熱狂が社会に広がりました。

バブルの象徴というと、六本木のディスコで踊り、熱狂する人々を思い浮かべることが多いと思います。バブルの中で多くの金融機関や一般企業、個人が自分のお金に加えて借り入れを行いました。その上で、株式や不動産に投資を行ったのです。その結果、買うから上がる、上がるから買うという強気が連鎖しました。

例えば、Aさんが1000万円の現金をもっていたとしましょう。Aさんは銀行から次のような提案を受けます。「日本経済はこれまでにない好景気に突入しました。この先、経済は成長し続け、株も、不動産も、資産の価値は上昇し続けるはずです。当行が融資をいたしますから1億円借り入れをされて、不動産に投資をされてはいかがでしょう。万が一、ご返済が行き詰まっても心配はありません。担保の不動産がありますから」

バブル当時、こうした会話があちらこちらで交わされていました。

銀行のアドバイスに乗ったAさんは不動産を買いました。1年間でその価値が30％上昇しました。1000万円での投資であれば値上がりによる評価益は300万円です。しかし、Aさんは借り入れによって投資資金を増大させています（レバレッジ）。1.1億円の元手に対する30％の評価益を金額に直すと、3300万円です。1億円借り入れた分だけ、利得が増えるのです。

バブル当時、多くの友人がこうした「財テク」にいそしんでいました。借金はいつか返さなければなりません。元本の支払いに加え、利子の負担もあります。バブルが膨張する中、わが国の長期金利も5％を超え、現在よりもはるかに高い水準にありました。

経経済成長率はGDPがどれだけ増えたかによって評価されます。GDPは企業の収益と給与所得の合計額です。経済の成長率（給料の伸び率）が金利の水準を上回っているのであれば、問題は大きくはならないでしょう。これは、個人にとっても、国家にとっても、債務のリスクを考える上で最も大切なことです。

バブル崩壊と債務問題

1990年代の初めごろにわが国のバブルは崩壊しました。バブルが崩壊すると、急速に資産の価格が下落します。いったん資産の価格が下落すると、投資家は、我先に売却して利得を確保しようとし始めます。下がるから売る、売るから下がるという負の連鎖が相場を急落させます。難しいのは、いつ、バブル経済がピークを迎え、その後の暴力的なまでの資産価格の下落が起きるか、誰にもわからないことです。

この点がMMTを考える際の重要なポイントです。MMTは未来永劫、自国通貨で債務を発行できる国の国債はデフォルトしないと、根拠なき楽観に基づいていると思います。オマハの賢人で知られる米国の著名投資家ウォーレン・バフェットはMMTに関して、「財政赤字はインフレを上昇させる恐れがある」、「危険な政策に踏み込む必要はない。そうした領域がどこにあるのか正確には分からない」との見解を示しています。これは、先行きがどうなるかは、誰にもわからないという当たり前の考えにもとづいた指摘です。

借り入れを行って1・1億円で購入した不動産の価格は急速に下落し、購入価格を下回ってしまいます。その一方、借金の額は1億円のまま変わりません。

仮に、不動産の価格が4000万円にまで下落し、売却したとしましょう。売却代金をすべて返済に充てたとしても、6000万円の借金が残ったままです。保有している他の資産を売却して返済に充てることができればよいですが、それができないと借金を返すことができなくなってしまいます。

バブル崩壊後、財テクに取り組んだ多くの企業や金融機関などがこの状況に直面しました。彼らは、債務返済のために、バランスシート上の資産を売却し、返却資金をねん出しました。それによって債務を圧縮しようとしたのです。これをバランスシート調整といいます。それでも、資産価格の下落が想定以上に進みました。その結果、債務の返済が行き詰まり、銀行の不良債権問題が深刻化したのです。1997年以降、金融システム不安が高まり、大手銀行や証券会社が経営破綻などに陥りました。

国は逃げだすことが出来ない

経営に行き詰まった企業や個人は、債務を放棄し、一からやり直すことができます。ある意味、借金の重荷から逃げる手段があるのです。

しかし、国はそうはできません。国が債務を返済できなくなると、国民の生活に甚大な影響が及びます。国は借金が返せなくなったからといって、自己破産するとは言えません。実際、経済運営に行き詰まった旧ソ連は崩壊し、今はありません。国は借金から逃げることができません。

要は、借金はいつか返さなければなりません。借金がどんどん膨らんでしまうと、その借り手の返済能力が高まるということは、経済学以前の国民の知識です。さらに、世界の経済は密接につながっています。各国の経済状態は、為替レートの変動に反映され、他の国の経済にも影響を与えます。MMTを主張する人たちは、自国通貨で債務を発行し続けた結果、その国の為替レートがどのように動くか、明確に説明していません。

ハーバード大学教授のローレンス・サマーズは「MMTは為替レートを崩壊させる恐れがある」と懸念を表明しています。財政の悪化を続けハイパー・インフレに見舞われた国は数多くあります。

MMTにおける国の債務の考え方は、わたしたちが日常的に重視している価値観や、伝統的な経済学における債務の考え方と異なります。これが、根本的な問題です。政治家がMMTを重視し、一時的にMMTへの熱狂が高まることはあるかもしれません。

しかし、熱狂することと、正しい理論を導入することは全く別のことです。私たちがお金を借り、貸す際、何を重視しているか、身近な感覚に照らしてMMTが持続的に経済の安定を支えうるか否かを考えることが大切です。

2

なぜ、いま、MMTか

＊日本銀行の金融政策決定会合声明文上の表記

MMTは単純に
MMT
その額を増やせ!
って言ってるわけじゃない
方法を変える?
ガタッ!!!
方法「も」変える
日本銀行が国債を買って出回るお金を増やすのが今の方法だな
銀行
BANK
国債
国債
国債購入
工事中
公共事業
加えて政府が公共工事等にどんどんお金を使う
そうすれば仕事が増えて景気もよくなるな
でもそのお金はどこから?
まあ借りりゃいいだろ
返せなくならないかなぁ…
その心配は無用だ!
…と考えているのがMMT支持者なんだ
MMT
そのあたりを詳しく見てみよう!

2-1

景気を支えることが主な目的

MMTの目的は景気を回復させること

ＭＭＴの目的は、景気を支えることです。見方を変えれば、多くの人が、自分自身のこととして経済の成長を実感したいという思いを強めているからこそ、ＭＭＴが注目されるのです。「これまでの経済政策では、一人一人が満足できるだけの成長を感じることができなかった。だからそれに代わる、より強力な政策を進めて景気を回復させ、成長を心から楽しみたい」という一種の欲望が、ＭＭＴへの関心を高めているように思います。

経済が成長するということは、その国が生み出す付加価値の合計額が増えことを意味します。それは、企業の収益と就業者の給与が増加することにほかなりません。当たり前ですが、より多くの給料が手に入るなら、多くの人が喜びます。ＭＭＴは短期的には効果は期待されますが、長期的には経済に弊害を与える可能性があることは軽視できません。今の状況がいつまでも続くとは限りません。常にこの点を念頭にＭＭＴを考えるべきです。

経済が成長することは、わたしたちにとってとても大切なことです。なぜなら、経済が成長すると、自然と気持ちの中に将来への「希望」が湧いてくるからです。それは、人生を充実させるために欠かせません。

人々が成長を実感し、明日への希望をかみしめるためには、富ができるだけ公平に分配されることが望ましいでしょう（所得の再分配）。同時に、資本主義社会では競争原理を発揮し、市場原理に基づいて効率的に経済資源を配分することが重視されます。競争や環境の変化に適応できないと、思ったように所得を増やし、資産を形成していくことは容易ではありません。わたしたちが生活を営む経済のメカニズム上、経済的な格差が発生することは自然なのです。同時に、格差から這い上がろうとして新しいことにチャレンジする人がいるからこそ、さらに競争が進み、経済が成長します。

ポイントは、これまでの経済政策が、人々に希望や、チャレンジする勇気を与えられるだけの成長を実現できたか否かです。

希望と勇気を与えられない経済政策

では、実際にリーマンショック後の世界経済の状況がどうなっているかを確認します。図7のグラフを見てください。

２０００年代前半、世界経済は全体として好況を謳歌しました。それを支えたのが、中国やインド等をはじめとする新興国におけ

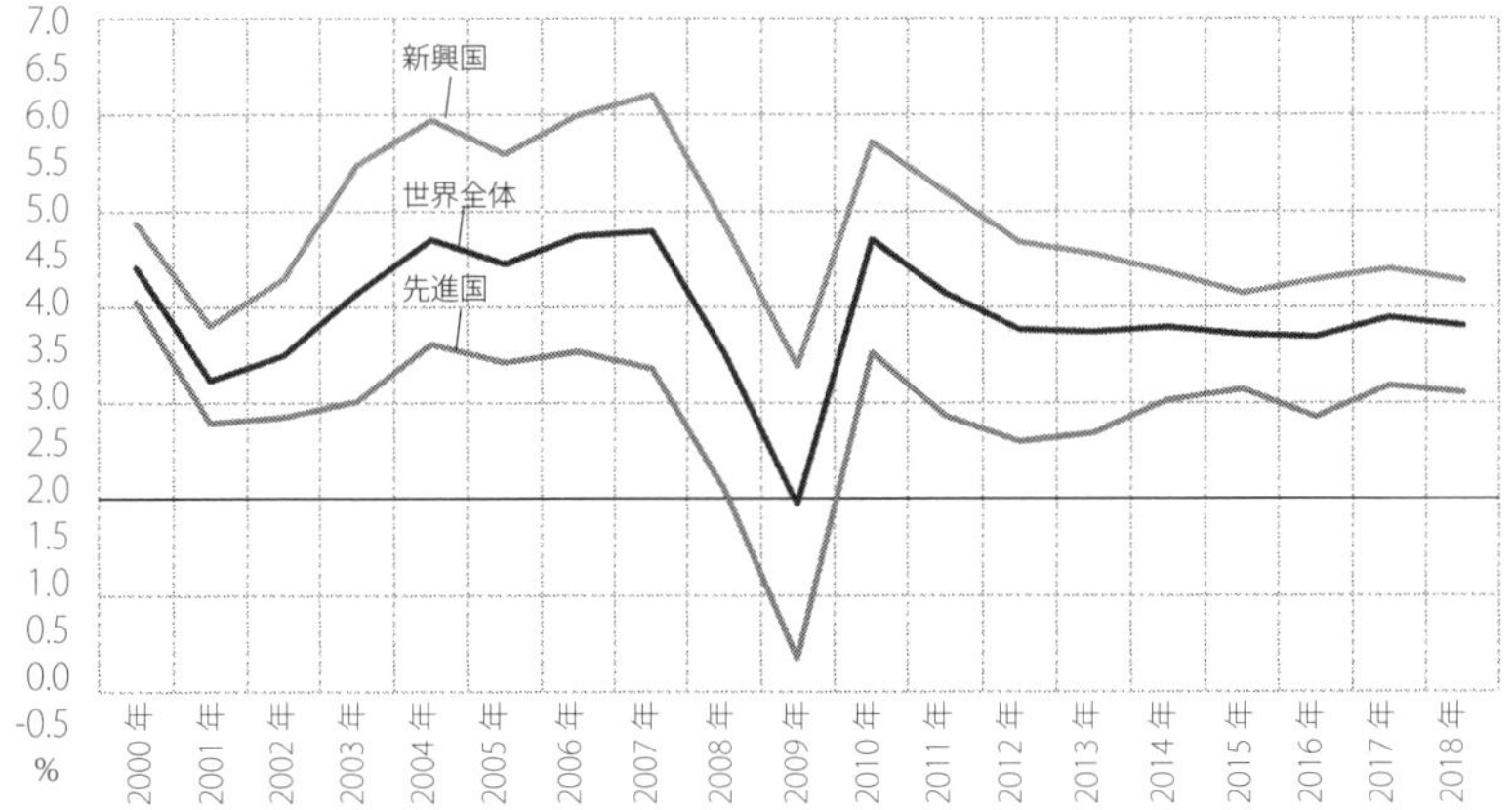

図7　経済成長率の推移（データ出所：IMF）

る工業化です。工場の建設、生産機械の導入などが大規模に進み、中国は世界の工場としての地位を確立しました。

それによって、世界の人々は従来より低い価格でモノを購入できるようになりました。それに加え、2002年頃からは米国の不動産市場において住宅バブルが発生しました。この結果、米国の家計は住宅価格の高騰やそれに支えられた株価の上昇に熱狂し、借り入れを増やして消費を行ったのです。世界最大の経済大国である米国が住宅バブルの熱狂にわき、新興国経済の高成長が続いた結果、世界経済全体でも5%を超える高い成長が実現できました。

しかし、2008年9月のリーマンショックの発生と、その後の世界的な金融危機の発生を境に、世界経済の成長率は、がくん、と落ち込んでしまいました。

特に、世界経済の成長を支えた新興国の減速は顕著です。中国経済の成長率の低下は、その大きな原因です。長めの目線で考えると、世界経済は徐々に停滞に向かっているように見えます。

ユーロ圏ではギリシャなどで財政危機が発生しました。ドイツは財政の緊縮を各国に求め、景気は低迷しました。その状況の中で、人々は為政者や政府への不満を募らせました。それに反比例するように、将来への希望や、チャレンジするスピリットは高まりづらくなっています。

固定化する格差問題

背景には、富の偏在が進んでいることがあります。2011年、米国の金融街であるウォールストリートでは、「わたしたちは99%だ」というスローガンのもと、若者たちによる米国の政財界に対する抗議運動が発生しました。彼らが主張したことは、1%の人が大半の富を手にして経済格差が拡大している、政府は社会全体の不公平感が高まる状況を是正し、その他大勢の経済的な弱者に配慮せよということでした。世界全体で見ると、上位1%の最富裕層が半分以上の資産を保有しているというレポートまであります。

それを放置すると、格差が固定化されかねません。格差が固定化されてしまうと、チャレンジしようとしても、できない、挑戦が難しくなってしまう恐れが出てきます。勉強をしたいがお金がないから高校に行くことができないという状況は、格差の固定化の一例です。また、格差の固定化を理由「どう頑張っても、所得を増やすのは難しい」と思い込み、はじめからチャレンジすることを放棄する人も増えるでしょう。

それらは、経済の成長にとってマイナスです。また、格差が固定化すると、経済成長率が高まったことへの喜びを感じるよりも前に、一部の富裕層が株価や不動産価格の恩恵を独り占めしているといった不満が先行しやすくなってしまいます。

これは深刻な問題につながっています。米国では、オピオイド系の鎮痛剤の中毒に陥る人が増え、中毒死する人も増加しています。深刻な事態を受けて、トランプ大統領も「全国的な公衆衛生の非常事態」を宣言しました。

オピオイド中毒問題の一因は、米国の景気が回復したにもかかわらず、個々人のレベルでは生活が楽にならない、希望が持てない、幸せを感じられない状況にあると考えられます。働いても、生活が楽にならないことへの不満、孤独感、失望など、つらい現実から逃れるために薬物に手を出してしまう人が多いのです。

その問題は、米国の労働市場にも影響を与えた可能性があります。ＦＲＢ元議長のジャネット・イエレンは、米国の労働参加率が低下している一因として、オピオイド中毒問題が関係している可能性があるとの認識を示しています。

ＭＭＴに対する期待

この結果、ＭＭＴを実践して景気を支え、一人一人が成長をより実感できる環境を目指すべきだという考えが、多くの人の共感を獲得しやすくなっています。ＭＭＴの提唱者は、政府が雇用に責任を持ち、債務発行により公共事業の財源を調達して雇用を生み出していくべきだと考えています。

成長が実感できないことへの不満や、チャレンジする意欲を低下させてしまった人にとって、こうした考え方は将来への希望を高めるよりどころになっているのでしょう。そうした感情の変化が、ＦＲＢの信用供与によってＭＭＴを実践し、グリーンニューディール政策を進めようと主張するアレクサンドリア・オカシオ＝コルテス米下院議員への人気につながっています。いつの時代も、わたしたちは経済の成長を求めています。それを持続的な形で実現していくことが大切です。

2-2 主要国の金融緩和による景気刺激

ＭＭＴへの関心の高まりと金融政策

ＭＭＴが関心を集めるようになった理由は、従来、多くの国が進めてきた経済政策では、人々が満足できる経済環境が実現できなかったからです。特に、リーマンショック後の世界経済では、多くの国が金融政策を積極的に運営して、景気を刺激しようとしてきました。この考えは今なお重視されています。リーマンショック後、わが国だけでなく、米国も、ユーロ圏も、その他の国も金融緩和による景気刺激を重視し、それを強化しようとしてきました。

例えば２０１３年４月、わが国の日本銀行は、２年間で２％の物価上昇を実現することに強くコミットし、「量的・質的金融緩和（ＱＱＥ：Quantitative-Qualitative Easing）」を開始しました。これは、まさに異次元の金融緩和策です。それにもかかわらず、わが国は２％の物価上昇率を実現できていません。

ＱＱＥが始まったとき、多くの経済の専門家が「日銀は壮大な経済実験に踏み切った」と感じました。なぜなら、それまでにも日銀は多くのお金を経済につぎ込み、物価の上昇（需要回復）を実現しようとしてきたからです。それでも、物価は上昇しませんでした。

ＱＱＥによって日銀は、強力なカンフル剤を経済という体に注射し、成長に向けたエネルギーがみなぎるよう取り組んだということもできるでしょう。しかし、QQEは目標を達成できていません。その状況を受けて、さらに強力な経済政策としてMMTが関心を集めつつあります。

なぜわが国のQQEが登場したか、また、主要国の中央銀行が金融緩和による景気刺激を重視したか確認するために、まず、金融政策とは何かをしっかりと理解しましょう。その上で、わが国の金融政策がどう推移してきたかを簡単に確認します。

そもそも金融政策とは

金融政策とは、物価の安定を通してわたしたちの日々の暮らし（国民経済）が健全に発展するよう、通貨および金融（お金を融通しあうこと）を調整するために、中央銀行が担当する経済の政策です。わが国であれは、日本銀行、ユーロ圏は欧州中央銀行（ECB）、米国では連邦準備理事会（FRB）が中央銀行です。

中央銀行の目的は、「物価の安定」を図ることと、金融システムの安定を確立することです。物価の安定とは、過度なインフレを避けることと同じことです。インフレが進めばモノの価値が上昇し、貨幣＝お金の価値が大きく下がってしまいます。なお、米国のFRBは物価の安定に加え、完全雇用の達成も政策の目的に加えています。完全雇用とは、働く意欲と能力を持つ人が、その時の賃金水準ですべて雇われている状況をいいます。失業者がゼロではありません。

中央銀行は独立した機関として政策を運営しています。中央銀行は政府の言いなりになるのではなく、自らの判断に基づいて、経済や金融市場をモニターし、必要な政策を策定・実施します。それは、政治的な利害から切り離された立場を確立・維持することが、物価の安定を目指すために欠かせないからです。

世界の主要な中央銀行は、1年間で2％の物価の上昇率が物価を安定させつつ経済が持続的な成長を実現するために適していると考えています。日銀も2％の物価目標の実現を目指しています。

この2％（消費者物価指数の前年同月比で見た変化率）という数字の根拠に関しては、様々な議論があります。まず、物価上昇率が年間プラス2％ということは、物価が上昇しているということです。物価が上昇しているということは、需要（人々がモノをほしいと思う気持ち）が高まっているということです。これは、経済の成長に欠かせません。

多くの国の中央銀行が2％の物価上昇率を目指すことは、グローバルスタンダードだとしています。経験則として、1％の物価上昇率よりも2％の物価上昇率を目指したほうが、長い目線で経済の安定を目指し、景気が減速した際の対応も進めやすいとの見方が多いです。各国の中央銀行は、人々が安定した経済環境の中で、お金の価値に不安を感じることなく、成長を享受していくためには2％の物価上昇率が適していると考えています。

金融政策の手段①政策金利の設定

中央銀行は物価の安定と金融システムの安定を目指すために、経済全体に出回るお金の量をコントロールしています。その代表的な手段が、政策金利（短期の金利）の誘導目標を設定することです。景気が良い状況（プラスのＧＤＰ成長率）が続くと、景気の過熱を防ぐために、中央銀行は利上げを行います。その目的は、お金のレンタル料である金利を引き上げて借り入れを通した投機などが行き過ぎないようにし、景気の過熱を防ぐためです。

具体的に中央銀行は、金利の誘導目標の水準を決定し、それを達成するように市中の銀行などと債券などの売買（オペレーション）を行います。中央銀行と市中の銀行が売買を行った際、その代金の受けわたしは、中央銀行内にある当座預金（決済を成立させるための口座）で行われます。中央銀行は市中銀行が中央銀行内に持つ当座預金の残高を調整して短期の金融市場における資金の需要に影響を与え、短期の金利が政策金利の水準に合うよう誘導します。これが、経済全体での資金の需要に影響を与えます。

景気が良いときは、多くの人がお金を必要とします。景気が良いということは、需要が旺盛だということです。そのため、企業は設備投資などのために資金を必要とします。物価も上昇します。景気が良いときに、金利が低いままだと、必要以上の資金が経済に出回ってしまいます。その結果、景気が過熱し、投機が進むことでバブルと思しき資産価格の急騰などが起きることも考えられます。

これを防ぐために、中央銀行は政策金利の誘導目標水準を引き上げ（利上げ）、オペレーションを通して市中の銀行などから余っているお金を吸い上げます。その結果、金利が上昇し、銀行の貸し出し態度もより引き締まります。お金を必要とする人は、財務内容や資金繰りを見直し、金利の水準に見合った借り入れやお金の使い方を考えるようになるでしょう。

反対に、GDP成長率が低下し始めると、多くの人々が先行きに不安を感じ始めます。例えば、株価が下落すると、人々は「景気が悪くなりそうだ。給料は増えづらくなるかもしれない。節約しよう」と考え始めます。この考えが増えると、企業は設備投資や雇用を抑制し始めます。

言い換えれば、先行きを警戒し、消費を抑えたり、投資を減らすなど、人々が守りを固め始めるのです。これは、需要を押し下げるでしょう。経済成長率にはマイナスです。

中央銀行はそうした守りを固める人々の心理をやわらげるために、「利下げ」を行います。利下げによって金利が低下すれば、お金は借りやすくなるでしょう。借り入れを通して耐久財を購入したり、設備投資を行うことは、利下げが行われる以前よりも行いやすくなるはずです。

金融政策の手段②量的緩和

景気が悪化すると、中央銀行は利下げを行い、金融機関の資金繰りを支えます。それが、企業や家計の借り入れを支え、経済が持ち直すと考えられてきました。理論上、政策金利の水準はゼロにまでしか下げられないとの考え方が主流でした。それでも景気が上向かないと、別の金融政策の考え方が必要になります。

わが国のバブル崩壊後、日銀は政策金利を引き下げ続けました。1999年2月に日銀は、事実上の「ゼロ金利政策」を導入しました。それ以降、わが国の政策金利の水準は、多少の引き上げはあったものの、実質的にゼロ%に近い水準で推移しています。

政策金利が実質的にゼロ％になっても、経済の状況がなかなか上向きませんでした。2001年3月、日本銀行は、状況を打破するために、日本銀行には金融市場の調節を行う際の操作目標を、政策金利から、日本銀行当座預金の残高に変更しました。

これが「量的金融緩和策」です。2001年3月、日本銀行は当座預金の残高が5兆円程度となるようオペレーションを行うことを表明しました。この量的金融緩和策は、中央銀行が国債などを買い入れることで従来よりも積極的に市中の銀行に資金を供給し、貸し出し能力の向上を目指すものです。資金の供給量が増えるため、短期の金利は従来の誘導目標を下回って推移することが想定されます。

2-3 限界に直面する中央銀行

バブル崩壊後からリーマンショックまでの日銀の金融政策

中央銀行が運営する金融政策には限界があります。それを理解するために、バブル崩壊後から2016年頃までの日銀の政策を振り返るとよいでしょう。

1990年代初頭のバブル崩壊を受けて、わが国の金融政策は利下げからゼロ金利政策へ移行しました。

２０００年代に入ると、物価の低迷と景気の安定のためにさらなる金融緩和が目指され、量的金融緩和策が導入されました。

基本的に、バブル崩壊後のわが国は、政治も企業も家計も、資産価格の急落に恐れおののき、「あつものに懲りてなますを吹く」が如き心理状態に陥ってしまいました。まさに、国全体が、専守防衛型の経済運営を求めました。既存の企業の延命を優先し、成長期待の高い分野にヒト・モノ・カネが配分されやすい環境を整備することに二の足を踏んでしまいました。

財政悪化への危惧が高まっていたため、金融政策への期待は否応なく高まります。特に、金融政策には相応の即効性が見込めるため、利下げや資金の供給量を増やすこと（あるいはその期待の高まり）によって、人々は一時的にリスクに対して愛好的になります。

金融政策は金利を低下させることで資金調達を容易にし、一時的に需要を刺激する効果はあります。例えば、住宅ローン金利が下がると住宅購入が増えるのはその一つの効果です。金融政策は将来の需要を先取りして景気を支え、その間に政府が規制の緩和などを進め、潜在成長率（経済の実力）を高めるための取り組みをサポートします。

中央銀行が金融緩和を行い需要を支えている間に、政府が規制の緩和などを進めて、人々のやる気、チャレンジが発揮されやすい環境を整備することが大切です。金利が低下して借り入れなどが増え、それが消費につながるためには、人々が「ほしい！」と思ってしまうヒット商品が欠かせません。ヒット商品を生み出すのは中央銀行ではありません。それは企業の役目です。企業が活発に新しいことに取り組むには、政府の構造改革が必要です。経済の構造が根本から変わらない限り、投資家や企業、家計が長めの目線で成長を期待することはできません。ただ、バブル崩壊後のわが国は現状の維持を優先し、改革に本腰を入れることができませんでした。そのため、景気は長期にわたって停滞しました。その中で、少しでも先行きへの不安が高まると、金融市場の参加者や国民は日銀の金融緩和を期待するようになってしまったように思います。

2006年に量的緩和策は解除され、日銀は、金融調節の操作目標を、政策金利（無担保コールレート（オーバーナイト物））に戻しました。同年7月にはゼロ金利政策が解除され、利上げが行われました。この結果、政策金利は0・25％前後で推移するように誘導されました。さらに、2007年2月には追加の利上げが行われ、政策金利は0・5％前後に設定されました。これは、あくまでも外部環境の好転によるものです。

その後、2008年9月のリーマンショックを受けて日銀は利下げに踏み切り、2008年12月には政策金利が0・1％まで引き下げられました。

バブルが崩壊して以降、多少の変動を挟みつつも、実質的なゼロ金利、あるいはそれに近い非常に緩和的な金融政策を続けてきたということです。

際限なき金融の緩和？

その後、日銀は、際限なき金融緩和に向かったと考えられます。

2010年10月、日銀は、政策金利が0～0・1％程度で推移するよう促しつつ、中長期的に物価が望ましいと考えられる水準で安定するまで事実上のゼロ金利政策を継続することを目指しました。それに加え、日銀は資産買入等の基金を設定し、国債や社債、上場投信（ETF）などを市場から買い入れることで資金を供給し、物価上昇を目指しました。それでも、わが国の物価は基調として上昇しませんでした。

この状況を打破すべく2012年の総選挙で政権与党に返り咲いた自民党政権は、日銀と政府の連携を重視しました。2013年1月には、政府（安倍政権）と日銀が『デフレ脱却と持続的な経済成長の実現のため、政府・日本銀行は（中略）政策連携を強化し、これを共同して公表する』とアコード（共同声明）を発表しました。政府は、金融緩和策に積極的な専門家を日銀総裁、副総裁に指名し、同年4月に「量的・質的金融緩和」が実施されました。

この政策は、2年で2％の物価目標を実現することを誓いました。そのために日銀は、量的緩和を導入しました。具体的に日銀は、金融市場調節の操作目標を金利からマネタリーベース（日本銀行券の発行高＋貨幣の流通高と日銀当座預金の合計額）に変更し、マネタリーベースが、年間約60～70兆円増えるように国債の買い入れを行うと表明しました。

また、質的金融緩和とは、投資家にリスクテイクを促すことを目指したものです。期間の長い金利や、リスク性資産（株）を日銀が買い入れ、投資家にリスクテイクを促すための金融緩和措置ということです。具体的に、日銀は10年、20年、30年などより期間の長い金利に低下圧力がかかるように国債を買い入れ、短期から超長期までの金利に低下圧力をかけることを目指しました。それに加え、日銀は、株式のETFなどの買い入れを拡大し、投資家のポートフォリオ・リバランス（安全資産を売り、リスク資産へ資金配分を増やすこと）を促しました。

大規模な量的金融緩和に加え、投資家などのマインドにも働きかけることを表明した金融政策は前代未聞といえます。その意味で、2013年4月以降の日銀の金融政策は「異次元の金融緩和」と呼ばれるようになりました。安倍政権は本来必要な構造改革（成長戦略）に本腰を入れるのではなく、金融政策を過度に重視した経済運営を進めました。そのため、アベノミクス＝金融政策一本足打法と揶揄する経済の専門家もいます。

その後、2014年10月には、消費増税後の景気減速を受けて、日銀は量的・質的金融緩和の拡大を決め、年間約80兆円に相当するペースで国債を買い入れることを表明しました。

金融政策にも限界がある？

しかし、わが国の消費者物価指数を前年同月比ベースで見ると、2％を下回る状況が続いています。2015年4月、量的・質的金融緩和から2年が経ちました。その時点の消費者物価は2％を下回りました。これは2年で2％の物価上昇率を実現すると言い切った日銀が、有言実行できなかったことにほかなりません。日銀は国民との約束を果たせませんでした。その意味で、わが国金融政策は限界を露呈したといえます。この事実は、金融政策に依存した経済運営によって2％の物価上昇率を実現するなど、望ましい経済を実現することは困難であることを世界に示しました（図8）。

グラフを見るとそれがよくわかります。エネルギーや生鮮食品の価格は天候や原油価格の動向に左右されます。それを含んだCPI総合は上下には振れを伴いつつも、前年同月比で見た場合に安定的に2％程度の水準を維持できていません。なお、2014年のCPIの上振れは、消費税率の引き上げの影響によるものです。また、コアCPI、コアコアCPIは前年同月比1％の上昇率を維持することも難しいのが実情です。

その後、2015年半ばには中国の株式市場が急落し、米国の利上げに対する警戒から世界経済の先行き懸念が高まりました。国内の物価には低下圧力がかかり、市場参加者を中心にさらに強力な金融緩和策への観測が高まりました。

2016年1月下旬、日銀は「マイナス金利付き量的・質的金融緩和」を導入しました。この決定に関しては政策委員の中でも意見が分かれ、賛成5人に対して反対4人という、ぎりぎりの決定でした。

つまり、日銀の内部にも、異次元の金融緩和、その強化を重ねても物価の安定を目指すことには限界があるとの認識が広がっていたのです。言い換えれば、ゼロ金利制約に直面した中で量的・質的金融緩和のような強力な金融緩和を進めても物価が上昇しないことに

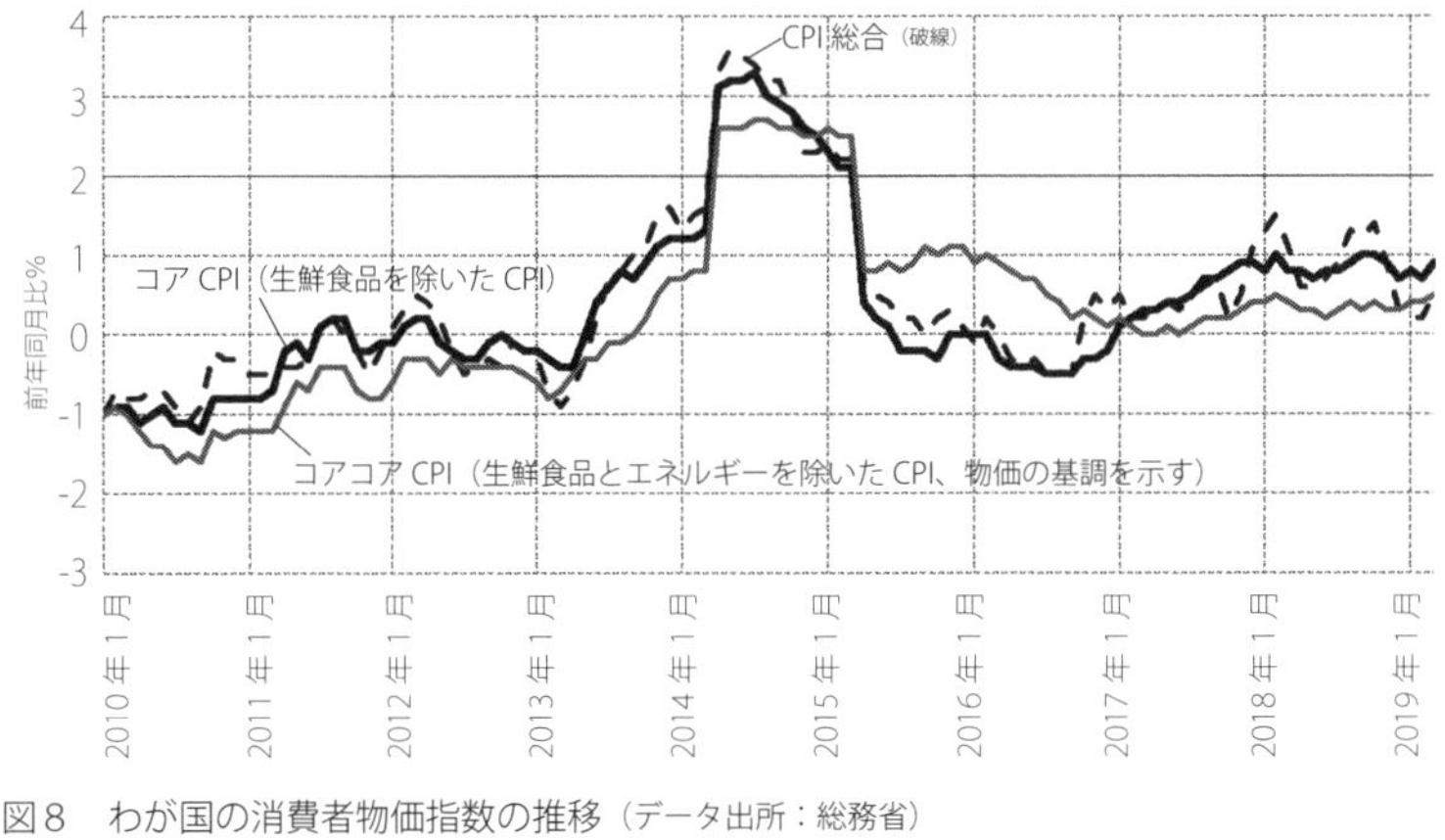

図8　わが国の消費者物価指数の推移（データ出所：総務省）

日銀が気づき始めました。中央銀行がどれだけ金利を引き下げ、お金を積極果敢に経済に供給しても、お金の使い道（ほしいもの）が見当たらないのであれば人々は消費しません。それでは需要は高まらず、物価も上昇しないということを日銀自ら理解し始めたということです。

2-4 金融政策にはマイナス面もある

過度な金融緩和策には弊害もある

２０１６年1月、わが国の金融政策は大きく変化しました。まず、マイナス金利政策が導入されました。その結果、本来の目的とは裏腹に、金利低下が国民の不安心理を高めたのです。これは、金融政策の弊害が顕在化したことにほかなりません。

本来、経済政策の目的は、現在の経済が直面する問題などを解決、あるいはそれを支える取り組みを進めて、より好ましい経済の状況を実現することにあります。人々を不安にさせることは、経済政策の目的ではありません。経済や社会心理にマイナスの影響を与える政策は避けなければなりません。

もともと、日銀は、人々が合理的に行動すると考えてきました。「金利が低下すれば、お金が借りやすくなる。人々は借り入れを行い、投資や消費を増やすだろう。消費が増えれば物価も緩やかに上昇する」と日銀は考えました。

ただ、物価は日銀の想定通りに上昇していません。日銀はあくまでの金融緩和で物価の安定を実現することにこだわりました。その結果、マイナス金利政策という従来は経験したことのない領域にまで日銀は踏み込んでしまいました。

マイナス金利は、金融機関の経営に負担を強います。これは、金融政策の負の影響です。そのリスクを冒してまで、日銀は金融緩和による物価上昇にこだわらざるを得ませんでした。

長短金利差は銀行の重要な収益源

マイナス金利政策の最大の問題は、銀行の収益力を低下させたことです。

2016年8月には、金融庁からも日銀のマイナス金利政策への懸念が表明されました。金融庁は、わが国3メガ銀行の2017年3月期の決算において、マイナス金利政策が3000億円程度の減益につながるとの調査報告をまとめました。その上で、金融庁は収益力の低下が銀行の信用創造を低下させると日銀に懸念を伝えたと報じられました。

最大の問題は、マイナス金利政策を受けて、短期と長期の金利（国債利回り）の差が縮小してしまったことです。長短金利差は銀行にとって最も重要な収益の源泉です（次頁図9）。

長短金利差の縮小は、国債の利回り曲線（横軸に債券の満期までの期間をとり、縦軸に、期間に対応する金利の水準をプロットし、各年限の利回りをつないだもの）を見れば一目瞭然です。２０１５年末からマイナス金利が導入された２０１６年1月下旬まで、10年から40年までの金利は、ほぼパラレル（水平）に低下しました。

問題はここから先です。金利がマイナスであるということは、お金を貸す人が金利を受け取れなくなることを意味します。日銀が短期の金利をマイナスに設定した結果、投資家は少しでも利回りがプラスの債券を確保しようと大挙してプラス利回りがついている残存期間の長い債券を買いあさりました。その結果、6月末、１０年国債の利回りはマイナス０・３％程度にまで沈み、２０年の金利はもう少しで０％、40年金利は０・２％を下回るまでに低下しました。

銀行にとって、短期と長期の金利差は、最も重要な収益の源泉です。どのようなビジネスにおいても、安く仕入れ、高く売ることが収益を得る基本です。銀行も同じです。基本的に金利は、期間が長くなるにしたがって高くなります。なぜなら、長い期間お金を貸すほうが、借り手の返済能力がどう変化するかわからないからです。

不確実性が高い分、長い期間にわたってお金を貸し出す（お金を融

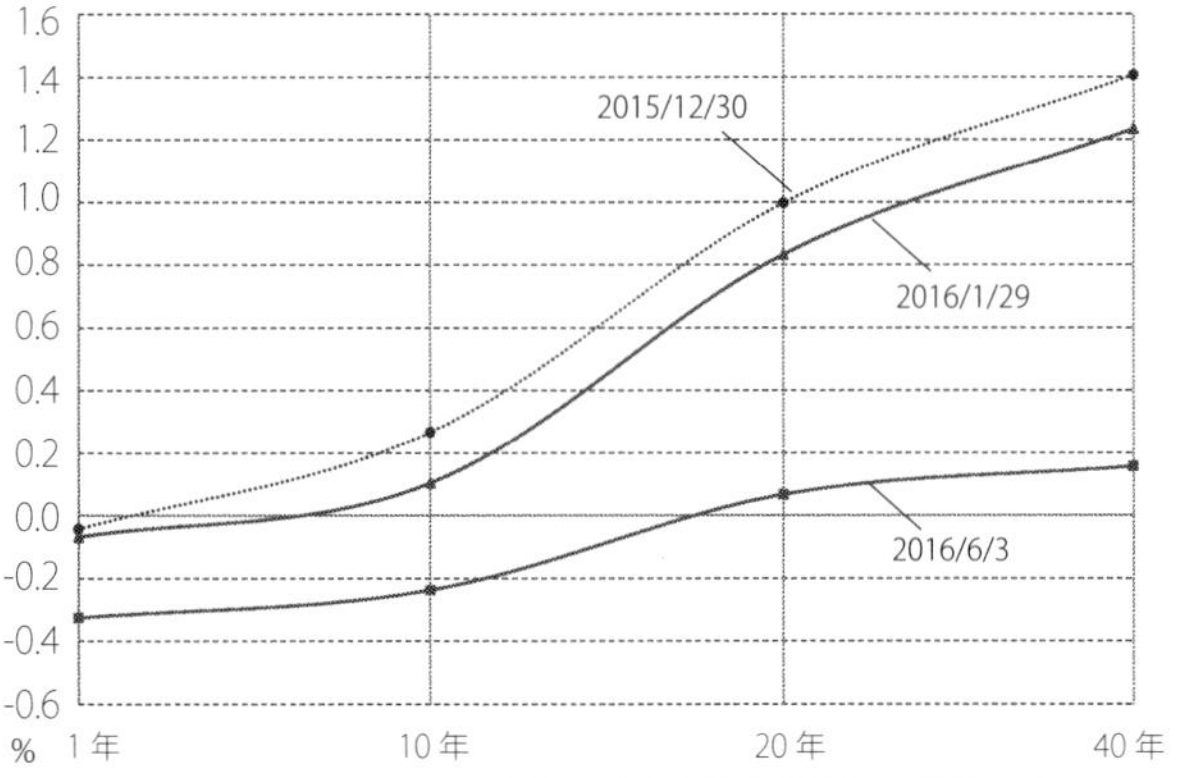

図９　国債利回り曲線の推移（データ出所：財務省）

通する）場合の金利はリスク（予想と異なる結果）の分だけ高くなります。そうでなければ、だれも長期の貸し出しはしたくありません。

銀行は、個人から預金を集めるなどして資金を調達します。それをより長い期間の貸し出しに回し、より高い金利収入を得ます。その一部を預金者への利息として支払うことで、銀行は利益を得ます。マイナス金利政策は、銀行の収益獲得力を削いでしまいました。その結果、金融庁が指摘した通り、銀行の金融仲介能力への懸念も高まりました。突き詰めていえば、銀行のビジネスモデルそのものの持続性が懸念されたのです。それは銀行の株価の推移から読み取れます。マイナス金利政策の導入後、わが国の銀行株価は急速に下落しました。その理由は、長期金利がマイナス水準に落ち込んだうえ、長短の金利差が縮小し、銀行の収益悪化が懸念されたからです（図10）。

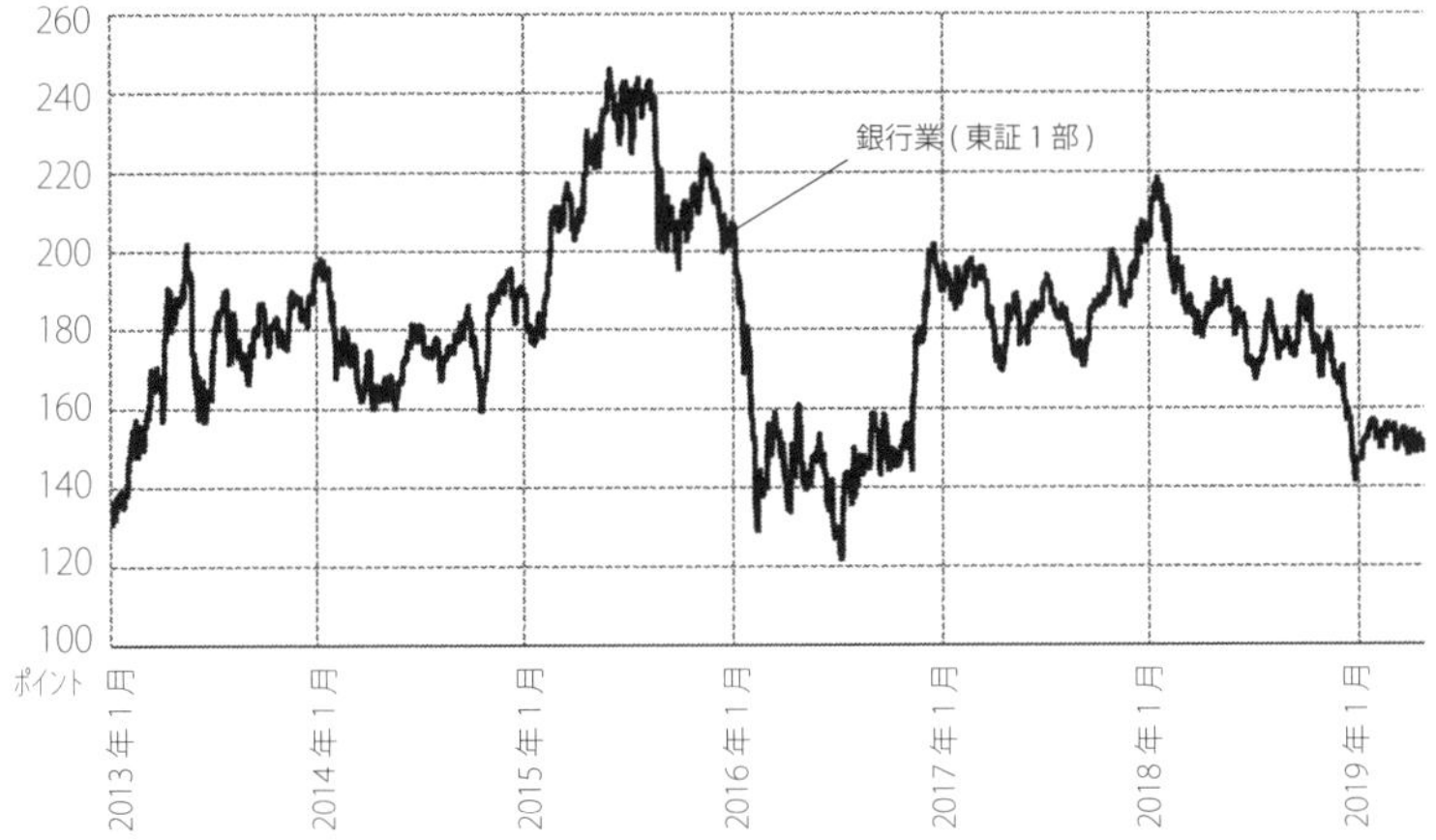

図10　国内銀行株価の推移（データ出所：日本取引所グループ）

金融緩和の限界とその弊害を認めた日銀

国内の金融機関の経営者らからは、日銀はマイナス金利政策を見直し、金融機関の経営と国民心理への悪影響に配慮しなければならないという批判や意見が出されました。金融庁からの懸念表明も重なり、日銀としてもマイナス金利政策が深掘りされることへの懸念は放置できなくなりました。日銀のホームページにはマイナス金利政策の導入後、普通預金金利は0・02％から、0・001％に引き下げられたと記されています。日銀はこの状況について、『100万円預けて1年間の利息が200円だったのが10円になったということです。消費を悪くするほどの規模ではありませんよね』との見解を示しました。

否、むしろ逆です。預金金利が大幅に引き下げられたことを受けて、「景気の状態がそれほど変わっていないのに一体何が起きたんだ」と不安視する人は増えたはずです。

2016年9月、日銀はマイナス金利政策への不安や批判を受けて『「量的・質的金融緩和」導入以降の経済・物価動向と政策効果についての総括的な検証』（総括的検証）を公表しました。

従来、日銀の政策決定は合理的な期待の形成を前提にしていました。つまり、今後、金利が低下すると考えられる場合、人々は借り入れを増やし、消費や投資を増やすと考えたのです。

しかし、総括的検証の中で日銀は、わが国の国民が過去の経験をもとにして、「これまで成長を実感できなかったから、今後も所得は上がりづらい状況が続く」と考え、必ずしも将来への期待をもとに合理的な意思決定をしていないとの見解を示しました。つまり、どれだけ金融を緩和したとしても、それが需要を喚起するとは限らないことを日銀は認めたのです。これは、異次元金融緩和の限界を日銀が認めたということです。

アベノミクスのもとで日銀は、二つのことを重視します。それは、物価が上昇すれば景気は良くなるという考え方と、いつでもどこでもインフレは貨幣的な現象だという主張です。要は、お金をより積極的に経済に供給すれば、物価はあがり、人々の気持ちも上向いて、景気が良くなる（デフレ経済から脱却できる）という考えです。

これを実現するために、政府と日銀は、中央銀行の総裁自ら2％の物価目標を達成するために責任を持って取り組むとの強い姿勢を表明すれば、国民はそれを信じると考えたのです。政府も日銀も、中央銀行が物価の上昇に従来以上の強い姿勢で取り組めば、人々の期待は操作できると考えたのです。

しかし、わが国の国民多くが、インフレがどのような状況かを知りません。むしろ、物価は上昇せず、下落するものだという見方を持つ人のほうが多いでしょう。事実、1997年以降、長い間、わたしたちは物価が持続的に下落する環境に慣れています。多くの人が、「最近は物価が上昇していない。それが普通だし、今後も同じような状況が続く」という経済への見方を持ってきたはずです。過去の経験や履歴・経緯に基づいて今後を考えることを、適合的な期待形成と言います。

人々が過去の状況が将来も続くと考え「物価はそう簡単には上昇しない」と考えてきたため、日銀が人々の期待をコントロールしようとしても思うようにはいきませんでした。総括的検証の最大のポイントは、日銀が期待を操作することをあきらめたということです。

実はこの問題は、2012年までの日銀の関係者が重視していた考え方でした。その考え方とは次のように言い表すことができます。

まず、日銀は、人々が過去の経験を引きずって将来を予想している中で、過度な金融緩和を進めたとしても効果は上がりづらいだろうと考えます。そうであるとすれば、過度な金融緩和策を進めて後戻りできなくなるリスクを冒すべきではありません。むしろ、中央銀行は、市場の期待に配慮しつつ緩和的な金融環境を維持し、構造改革の進捗をサポートする役割に徹すべきです。そのほうが、後々の政策の柔軟性と持続性が確保しやすくなります。

バブル崩壊後、わが国の経済が低迷する中、米国の経済学者や国内の金融緩和に積極的な識者らからは、日銀が物価上昇に強くコミットすれば、人々がそれを信じるから日銀もそうすべきだとの主張が強まりました。こうした論戦は、ＭＭＴをめぐる支持派と反対派の主張に似ています。

中央銀行が利上げを行う際、理論上の上限はありません。物価の上昇圧力が高まっている場合に利上げを続けると、徐々に人々は金融の引き締めによって物価は安定するということに慣れます。

一方、利下げにはゼロ金利という制約があります。政策金利はゼロ％以下にはできません。もし、金利をゼロ以下にすると経済への悪影響などが生じる恐れがあります。物価が下落する中で政策金利がゼロ％に到達すると、金融政策は事実上の限界を迎えます。そのタイミングで人々の心理が上向いていればよいのですが、実際にはそうなりませんでした。

ゼロ％以上に金利を引き下げ、さらに金融緩和を行うと、様々な問題が生じます。例えば、本来であれば金融機関からお金を借りることのできないほど財務内容が悪い企業（ゾンビ企業）が融資を受けて事業を継続することが考えられます。

これは、本来であれば淘汰されるべき財務内容の企業です。そうした企業にお金が貸し出されるということは、非効率的な資源の配分が行われているということです。MMTは政府がお金を使えば望ましい経済環境が達成できると主張していますが、その効果は日本の金融政策がすでに実証しています。

過度に緩和的な政策は、経済をゆがめる恐れがあります。総括的検証の中で日銀は、マイナス金利によって貸出金利が預金金利を上回るペースで低下し、銀金融機関の収益が小さくなっていることを認めました。その上で日銀は長期の金利が大幅に低下し、長短金利差が急速に縮小したことについて、『広い意味での金融機能の持続性に対する不安感をもたらし、マインド面などを通じて経済活動に悪影響を及ぼす可能性がある』と、異次元金融緩和のマイナス面（弊害）をも認めたのです。

総括的検証は、２０１３年４月から２０１６年９月までに行ってきた異次元の金融緩和という壮大な経済実験の意義と教訓をまとめた報告書です。その結論は、中央銀行が人々の期待を思うように操作することはできなかったということです。

この結論を基に、日銀は「長短金利操作付き量的・質的金融緩和」を導入し、短期と長期の金利差（イールドカーブ）をコントロールする政策を導入しました。長短の金利を一定に保つことによって国債の買い入れ額を減らしつつ金利を低位に推移させることで、日銀は短期決戦型の政策をあきらめ、政策の持続性を確保したのです。異次元の金融緩和が際限なき拡大路線に向かうことを止めたという点で、総括的検証の意義はとても大きかったのです。

2-5

より強力な景気刺激策への期待

さらに強力な政策への高まる期待

2016年、わが国の経済政策に関する議論は、世界でも大きな関心を集めました。より強力な景気刺激策を実施するために、中央銀行（金融政策）と政府（財政政策）を統合して経済政策を進めればどうなるかという議論が注目を浴び、新しい政策への期待が高まったのです。

わが国は1990年代に伝統的金融政策（政策金利の誘導（0%以上）を通した金融調整の実施）の限界（ゼロ金利制約）に直面しました。2000年以降、日銀の政策は、非伝統的金融政策（伝統的金融政策以外の政策:量的緩和など中央銀行のバランスシートを用いた金融調整の実施、質的金融緩和、マイナス金利、フォワードガイダンスなど）に移行しました。わが国の金融政策はどんどん新しい領域に踏み込みました。それに合わせて、どこまでが金融政策の範疇なのか、財政政策との境界は曖昧になっているという議論も進みます。

量的・質的金融緩和の導入後から、日銀は莫大な量の国債を流通市場で買い入れてきました。繰り返しになりますが、日銀は政府が発行した国債を直接引き受けることはできません。あくまでも、日銀は財務省が発行し、民間金融機関が購入（落札）した国債を、流通市場において金融機関から購入しています。

これは、間接的に日銀が財務省の国債発行を支えていると見なすことができます。財政ファイナンスの厳密な定義は、中央銀行が直接、政府が発行する国債を引き受けることです。日銀の国債買い入れを、間接的な財政ファイナンスと見なすことは可能です。

その上に、マイナス金利政策が導入されたインパクトは決定的でした。一部国債の利回りがマイナスになったことで、政府は利払い費を抑えることができます。マイナス金利によって利払い費が減少する分、政府は財源を確保できます。利払い費が減少した分だけ歳出を抑えることもできます。ある意味、マイナス金利は、政府にとっての打ち出の小槌に映ります。

その結果、マイナス金利政策の導入以降、財政政策と金融政策を合体させてはどうかという考えが急速に関心を集めました。中央銀行の独立性を重視する考えと異なり、政府と中央銀行を一体で運営する統合政府の考え方が注目を集めはじめたのです（図11）。その一つが「ヘリコプター・マネー」です。

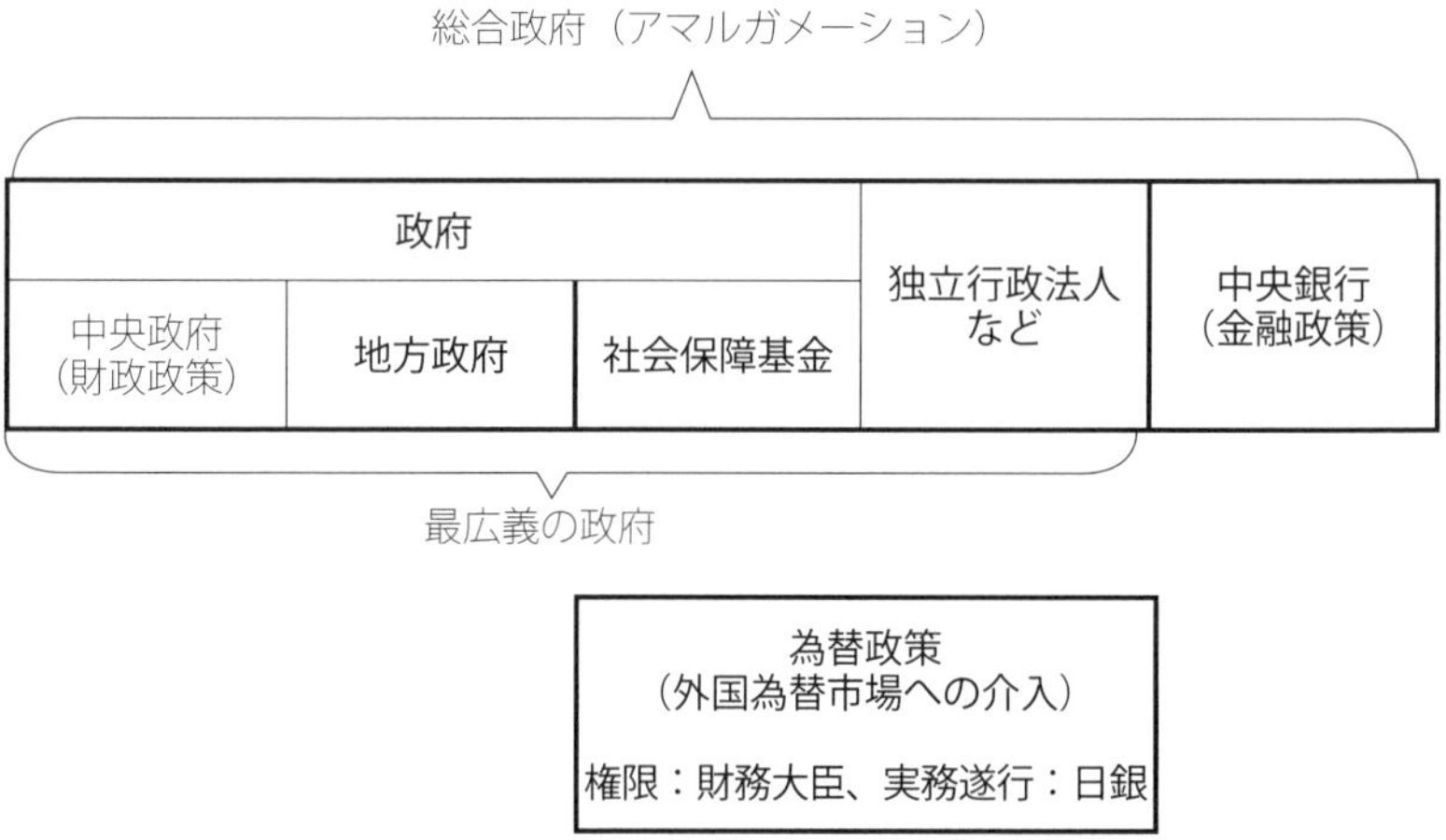

図11　概念図：政府・中央銀行の関係

〝ヘリコプター・ベン〟の来日

２０１６年7月１０日、参議院選挙では自民・公明両党が議席を伸ばしました。これを受けて、市場参加者の間では、安倍政権がより強力な経済政策を打ち出すとの憶測が立ち始めました（図12）。

なぜなら、1月下旬のマイナス金利導入以降も為替相場ではドル安円高が進み、国内経済への影響が懸念されてきたからです。また、６月にはイギリスがＥＵ離脱を問う国民投票を実施し、結果としてイギリスのＥＵ離脱＝ブレグジットが決まりました。世界経済の先行き不透明感から円高が進みました。

そのタイミングで、元ＦＲＢ議長のベン・バーナンキが来日しました。バーナンキは、かねてより「ヘリコプター・マネー」に積極的なことで知られています。「ヘリコプター・ベン」と呼ばれることもある同氏の来日により、わが国では中央銀行と政府を統合して経済政策を進めることへの関心が急速に増えたのです。

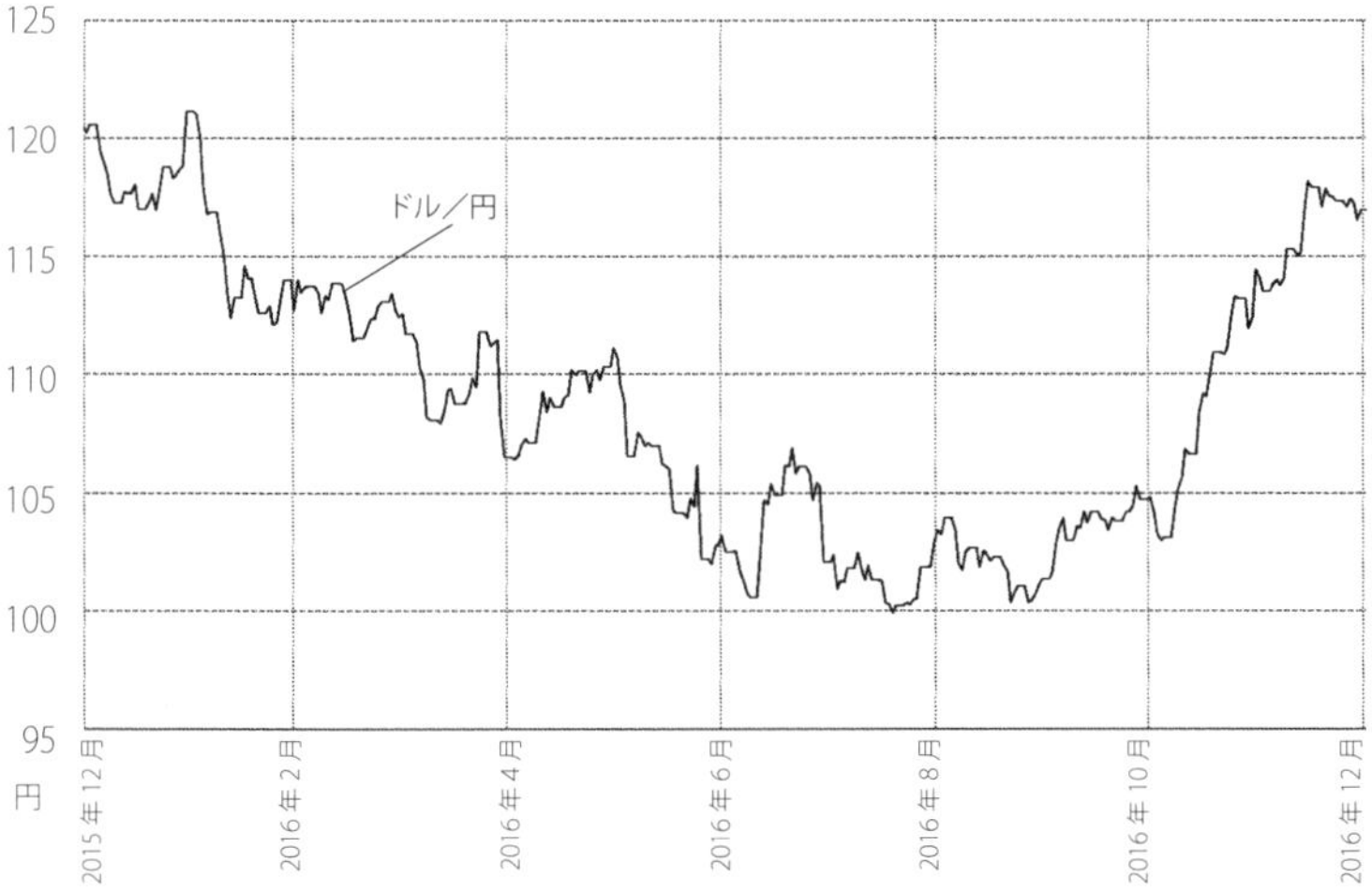

図12　２０１６年のドル／円の為替レート（データ出所：セントルイス連銀）

ヘリコプター・マネーとは、政府が対価を求めることなく、国民にお金を配り、需要を喚起することで景気の回復を目指す経済政策のことをいいます。

1969年、米国の著名経済学者である故ミルトン・フリードマンは、「政府がヘリコプターを飛ばして新しく印刷したお札を国民に向けて撒けばどうなるだろう」という寓話を示し、ヘリコプター・マネーの議論を展開しました。フリードマンは、政府がばらまくお金の量を調整すれば、需要を調節でき、物価もコントロールできると考えました。

そのためには、政府がお金を自由に供給することが欠かせません。経済政策の観点からこの理論を考えると、金融政策と財政政策を一緒に運営することを意味します。つまり、政府が国債（永久国債）を発行し、それを直接、中央銀行が引き受ける（財政ファイナンスを実行する）ことで、経済に際限なくお金を供給するのです。

この時、政府と中央銀行は一体になっていますから、政府と中央銀行のバランスシートを足し合わせると、公的な債務は増えません。統合政府のもと、中央銀行の独立性はなくなります。政府は中央銀行に国債を引き受けさせ自由に財政支出を増やすことができるため、財政規律は大きく緩むでしょう。

バーナンキ氏は、デフレ退治の特効薬としてヘリコプター・マネーを強く推してきました。2016年5月の伊勢志摩サミットで安倍首相は財政出動を進める構えを示しました。それに加え、首相が「政策を総動員する」との発言を行ってきただけに、強力な政策が発動されるとの期待は高まりました。7月の来日の折にバーナンキが首相と会談を行ったことを受けて、「本当に政府がヘリコプター・マネーを検討しているのではないか」と身構える市場参加者が急速に増えました。

また、ほぼ同じタイミングで、同年4月に、安倍政権のブレーンがバーナンキ氏と面会し、ヘリコプター・マネーに関する議論を行っていたことも伝わりました。わが国においてヘリコプター・マネー政策が進むのではないかとの期待はさらに高まりました。この結果、ドル／円の為替レートが上昇（ドル高・円安が進行）しました。

さらに高まる強力な刺激策への要請

２０１３年にアベノミクス（安倍政権による一連の経済政策の呼称）が本格的に始動して以降、わが国の金融政策は主要国が経験したことのない領域に踏み込んできました。これは、経済の成長が実感しづらい状況の中、人々が常に、より強力な景気刺激策への期待を持っていることを示しています。

アベノミクスのもと、日銀はその独立性を低下させました。政府が指名した強力な金融緩和を重視する人物が日銀の政策委員に就任したことは、日銀が政府の要請に強く影響されることを意味します。マイナス金利政策の弊害や過度な金利低下への懸念が高まる中、より強力な景気刺激策を発動するために、政府と中央銀行を一体化すべきという主張が関心を集めたのは自然な流れといえます。

冷静に確認しなければならないのは、多くの経済の専門家がヘリコプター・マネーは危険と考えているにもかかわらず、劇薬ともいうべき政策への関心が高まったことです。ダメといわれるとどうしてもやってみたくなるという心理は、経済政策の分野においても当てはまります。経済の先行き不安が高まると、なおのこと強力な景気刺激策への政治的および社会的要請は強くなると考えなければなりません。

ただ、日銀は、踏みとどまりました。２０１６年９月の総括的検証を持って、日銀は金融政策を持久戦に持ち込みました。事実上、異次元の金融緩和が限界を迎えたことを受け、日銀のセントラルバンカーたちは過度な金融緩和を主張する政策委員を説得し、中央銀行としての矜持を保ったのです。これは、マイナス金利政策の弊害を抑え、経済に悪影響が広がる展開を防ぐために欠かせませんでした。

ただ、いつまでもこの状況が維持できる保証はありません。リーマンショック後の世界経済の回復ペースは緩慢です。また、世界各国で金融緩和を進めても想定された効果が得られない状況が続いています。人々は成長が実感できないことに不満を高めています。イタリアが欧州委員会と対立しつつも財政支出の拡大を重視したように、より強力な景気刺激策への期待は高まりやすいのです。世界経済の先行きへの懸念が高まれば、より強力な景気刺激策としてのＭＭＴへの関心はさらに高まる可能性があります。

2-6 財政支出をしても金利が上がらない

顕著に増加する政府の債務

第1章では、MMT提唱者にとって日本がMMTの先駆者のように見えることを示しました。MMTは自国の通貨で債務を発行できる国の国債はデフォルトに陥ることはなく、政府は財政赤字を恐れずに財政支出を増やして景気を安定させることができると説きます。

わが国の政府（公的）債務は増えています。それにもかかわらず、金利は上昇していません。わが国ではこの状況が長く続いてきました。日銀は、低金利政策にコミットしています。企業は手元にキャッシュを積み上げています。だから資金需要は高まらず、金利は上昇しません。その一方、「当面この状況が続く」という見方が増え、さらに強まる可能性もあります。

アベノミクスのもとで日本経済は「円安」によって企業業績などがかさ上げされ、税収が増えました。海外の要因に支えられて歳入は増加していますが、バブル期を上回って推移するまでに税収は増えていません。そのため、財政赤字は拡大傾向にあり、公的債務の残高も増加の一途をたどっています。

この状況の中で日本銀行は、声明文上は『年間約80兆円をめど』に国債を流通市場から買い入れて長短の金利差を一定に保ち、金利を低位に推移させています。ただ、2018年の日銀による国債買い入れ実績は約

３７兆円台でした。すでに、日銀の買い入れが大規模に実施されてきたため、国債の取引は減少しています。それでも物価は上昇していません。

２０１８年６月に内閣府が実施した世論調査では暮らし向きが良くなると考えている人は10％程度、60％超の人が暮らし向きは変わらない、20％超が暮らし向きは悪くなると考えていることが報告されています。金融政策が限界に直面し、事実上の現状維持の持久戦に突入する中、財政政策と金融政策を一体化し、政府が望ましい経済環境を実現するべきだという考えは多くの人に魅力的に響く可能性があります。

わが国とよく似た状況が、先進各国でも進みつつあります。それを確認するために、先進国全体での政府債務や物価の動向を確認しておきましょう（図13）。

世界に目を向けると、わが国同様、政府債務は増加傾向にあります。リーマンショック後、世界的に成長のペースが緩慢です。どういうことかといえば、各国の経済の実力＝潜在成長率が低下している可能性があります。それを補うために、各国の政府が借り入れを

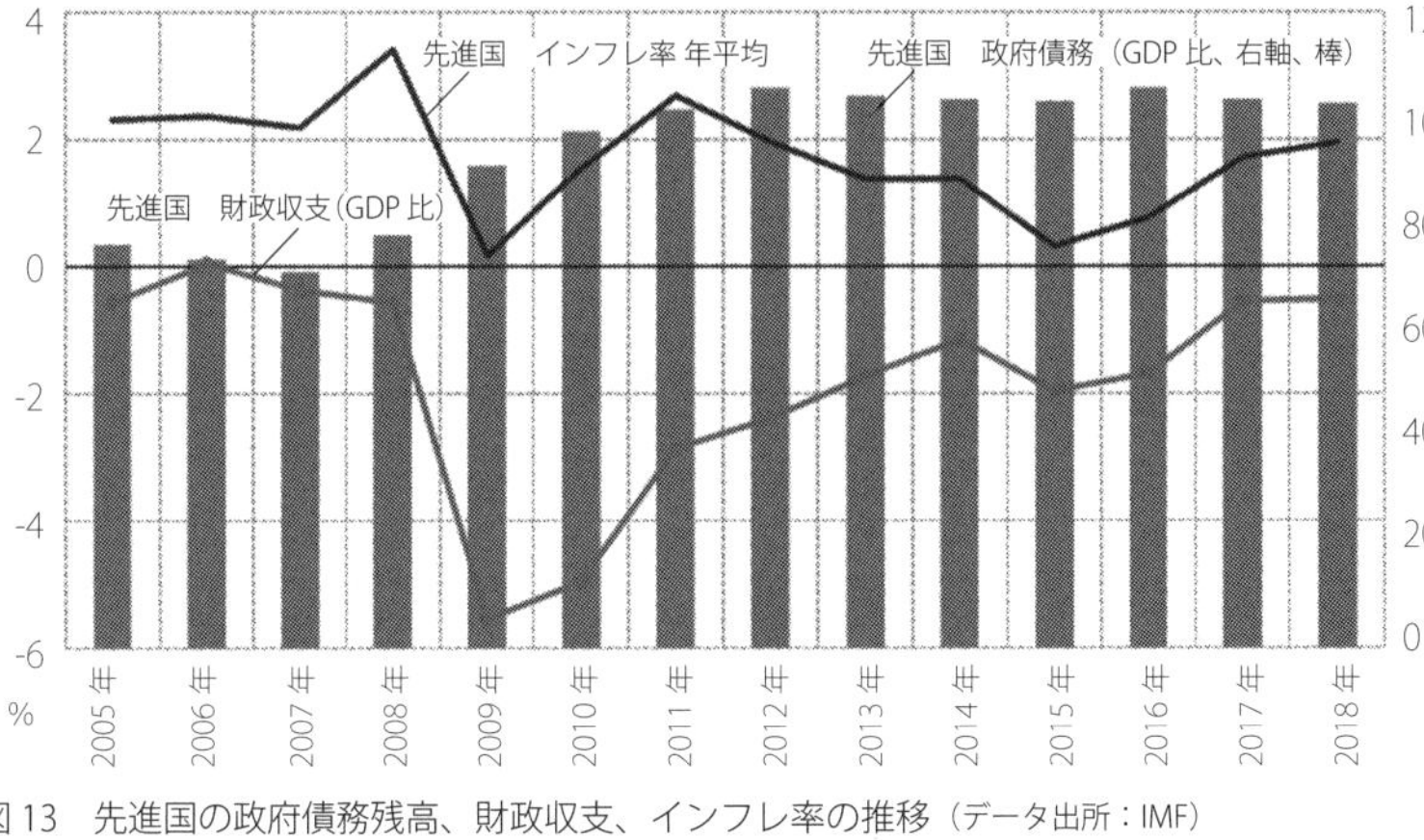

図13　先進国の政府債務残高、財政収支、インフレ率の推移（データ出所：IMF）

増やして公共事業などを行い、需要を創出しようとしています。

政府の債務残高が増える一方、物価は大きく上昇していません。先進国全体のインフレ率は2％を下回っています。そのため、先進各国の中央銀行の政策金利は、わが国やユーロ圏のマイナス金利政策を含め、歴史的な低水準にあります。金利が上昇しづらいため、人々は債務のリスクに鈍感になっているといえます。

もう一つ、財政収支を確認しておきます。リーマンショック後、世界経済は急速に落ち込み、先進国の財政収支は悪化しました。２０１０年頃から先進国の財政収支は改善傾向にあります。景気の回復に合わせて財政を立て直すことは、国の信用力を維持するために大切です。収入以上にお金を使う人の信用力が低下するのと同様、国に関しても歳入と歳出のバランスを維持することが、信用力の保持に重要です。

問題は、リーマンショック前の水準まで一人当たりのＧＤＰが増えていないことです。金利も世界的に大きくは上昇していません。政府の債務残高が増えているにも関わらず金利が歴史的低水準で推移しています。この状況を活かして、政府はより積極的に歳出を増やし、国民生活の向上に努めるべきという考えがＭＭＴへの関心や支持につながっています。

米国の財政政策と金利の状況

米国では、トランプ政権のもとで財政の悪化懸念が高まっています。図14のグラフを見てください。

トランプ政権の財政政策の基本的な発想は、「将来の成長によって、財政赤字をカバーすればよい」です。トランプ政権下、財政赤字は拡大すると考えられています。２０１９年以降、米国の財政赤字は４年連続で１兆ドルを超える見込みです。財政赤字の規模が１兆ドルを超えるのは、２０１２年以来です。

トランプ大統領は２０１７年12月に連邦レベルでの法人税率の引き下げをはじめとする減税を実施しました。減税の規模は10年間で１兆５０００億ドル（１ドル＝１００円として１５０兆円）に達し、過去最大です。トランプ政権は減税を行った一方、減少する歳入をどのように補うか、財源を確保していません。同氏の主張は、「米国経済の成長率を押し上げることで税収が増えるから、財政赤字は問題ではない」というものです。

税収が減った分、米国財務省証券（米国債）の発行が増えています。２０１８年、米国政府は１兆３０００億ドル（１ドル＝１００円として１３０兆円）もの国債を新規に発行しました。これは、２０１７年の２倍以上の発行規模です。２０１９年６月の本書を執筆している時点で、世界経済の中で米国が独り勝ちの状況であるため、積極的な借り入れ策に対する懸念は高まってはいません。米国

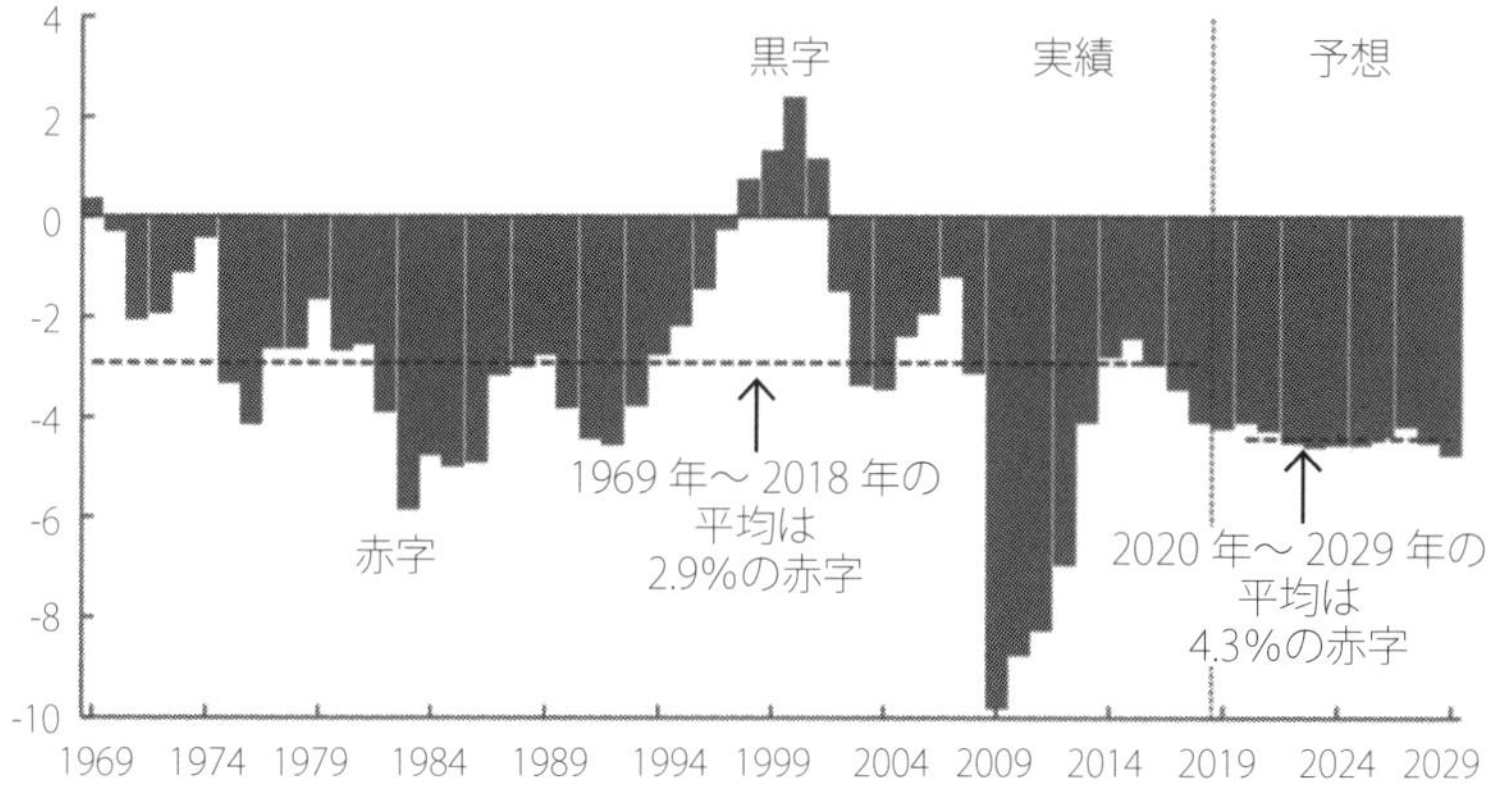

図 14　米国の財政バランスの推移と予測（GDP 比）（出所：議会予算局（CBO））

経済の成長に加え、米金利の推移も重要です（図15）。

　グラフを見ると、１９８０年代から今日まで、米国の10年と30年の金利は右肩下がりです。トランプ大統領は経済成長率の底上げのために、インフラ投資を重視しています。一般的に、インフラ投資を行うために政府は10年や30年など、期間の長い国債を発行し、長期のプロジェクトのための資金を調達します。財政赤字が拡大する中で長期の国債の発行が増えれば、米国の財政悪化懸念が高まり債券価格が下落（金利は上昇）するでしょう。

　しかし、トランプ政権下、米国の金利が上昇している状況にはありません。２０１８年9月から10月にかけて、ＦＲＢによる利上げへの警戒感から金利が上昇した局面はありました。その後は、米国の株価の大幅な下落を受けて、トランプ大統領がＦＲＢに利下げを強く要請し始め、金利は低下に転じました。債券市場参加者が米国の財政リスクを真剣に懸念し始めているとは考えづらい状況が続いています。

　わが国だけでなく、米国も財政支出を増やしています。にもかかわらず、金利は上昇していません。他の先進国でも、財政支出

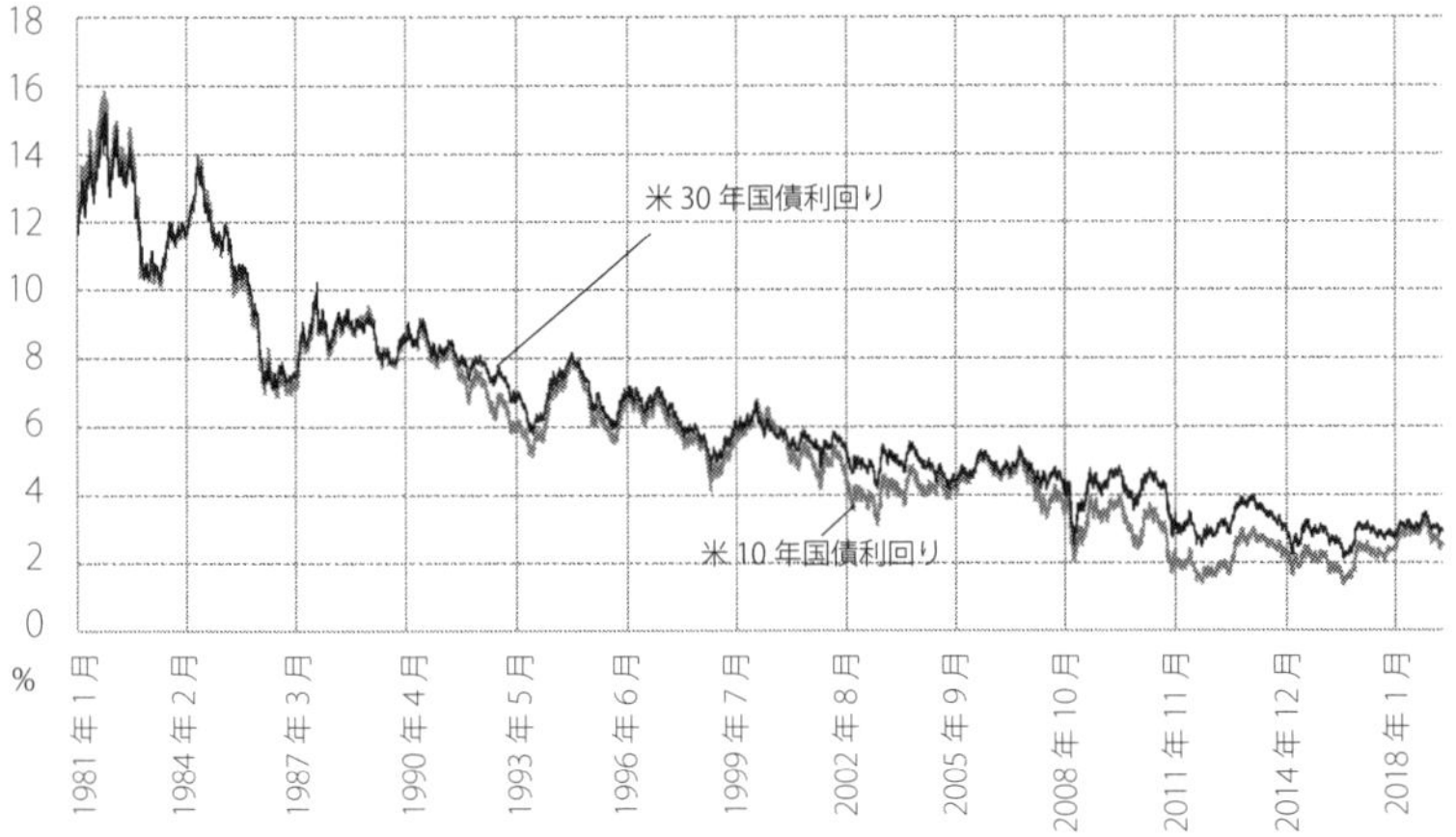

図15　米金利の推移（データ出所：米財務省）

の圧力が高まりつつある一方、金利は上昇していません。現在の財政と金利の状況がＭＭＴへの期待を高まる大きな要因になっています。

3

これまでの理論との比較、違い

競馬場にて
2番来ーい 2番ーっ!
逃げ切ったーー! 1着は7番のオカネマナブクンーー!
あ〜〜〜っ
ワーーッ
ドドドド
ブンッ
負けだ 負けだ〜! くっそ〜!
ぐぬぬぬ…! 8番人気が来るなんて〜
ガ〜ン
二人とも なかなか いい 負けっぷり だね〜
俺は 見てるだけで 充分だよ
くっそ〜 次こそ 取り返す!
なあ飯山! ジュースおごる(100円)から 1万貸してくれよ!
ズイッ

ギャンブル用の融資は生憎承っておりませんゆえ…
NO!
ええ～っ
ぐぬぬ…次こそ当てる！
♪
飯山っ！俺にも1万！ステーキランチ(1000円)奢り付きで！
いいね乗った！
はぁ!?
やった♪
なんで荒川には貸すんだよ～
金利が違うからな
お金っていうのは高い金利が大好物なんだよ♪
高木は金利1％荒川は10％計算だ
結局荒川は負けて夕飯を奢った
会議室
…ということで経済を考える時は物価だけじゃなくて
金利も大切…って事か
そう思って本章を読み進めるとわかりやすいぞ

3-1

これまでの理論とどこが違う

財政に関する新しい考え方＝MMT？

第3章では、これまでの経済学の理論（新古典派の経済学の理論を中心に、わが国の大学学部課程で教育されるマクロ経済学を思い浮かべてください）とMMTがどう違うかを考えます。

MMTは、財政の運営方法に関する新しい考え方です。経済学にはいろいろな考え方の「派閥」があります。MMTというは新しい派閥が登場したと考えればよいでしょう。考え方が新しいために、議論が深まっていない、あるいはロジックが精緻化されていないということもできるでしょう。ただ、気になること、より深掘りして考えなければならないことがたくさんあります。

特に気になるのが、国を運営することへの責任です。

国家は、過去から未来まで、脈々と次の世代に受け継がれ、発展してきました。「今良ければそれでいい」と、自分の生きている時代をよくしようとすることだけを優先すればよいのではありません。世代にわたって、公平さが保たれるように国を運営する政府の取り組みを、お金の側面から支えるのが財政です。

とても大切なことですので、財政とは何か、確認しておきましょう。それによって、これまでの経済学における財政の考え方が、より身近なことと思えるようになります。

財政とは英語のパブリック・ファイナンス（Public Finance）を日本語に訳したものです。

パブリックとは公（おおやけ）を意味します。つまり、国民全体で公平に共有されるということです。また、ファイナンスとは、金融です。金融とは、お金を融通することです。

財政＝パブリック・ファイナンスとは、かみ砕いていうと、国民全員で共有する場所やサービスが維持されるために、一国全体でお金を融通することです。国は、子の代、孫の代に引き継がれます。限られた期間を念頭に、国家の運営と財政の管理を行うことはできません。それは、国家の運営に責任を持たないことといってもよいでしょう。

わたしたちは税金を国に支払い、国はそれを財源に公共のサービスなどを提供して社会の安定と発展を目指しています。財政の安定は国民の生活を大きく左右します。これが、これまでの経済学における財政運営の考え方の基礎にあります。

多くの経済学者はMMTに批判的です。その背景には、財政の持続性が重要であることをMMTが軽視してしまっていることがあります。経済の環境に合わせて財政政策を運営することは重要です。しかし、それは、人類が過去の教訓を活かして編み出し、伝承してきた経済の運営に関する叡智を無視してよいことを意味しません。その叡智（理論）を無視して経済を運営することは、暗闇を手探りで進もうとすることに似ています。

MMTがなぜ批判されるのか、本当にMMTは有害なのか、MMTの考えの一部には重要な示唆があるのではないかなど、MMTを読者の皆さんご自身で考え、その良し悪しを考えていただくために、これまでの経済学の理論との違いをまとめます。

MMTとこれまでの経済学の比較表

ＭＭＴとこれまでの経済政策がどう違うかを概観しましょう。筆者の研究によると、図16の表のようにまとめることが可能です。ここでは、財政赤字、国債のデフォルト、経済体制に関して触れます。

ＭＭＴとこれまでの経済学を比較する際、経済の専門家の間でも様々な議論が交わされています。ここでお示しする比較表は、筆者の考えに基づくものです。これがすべてではなく、別の角度から比較したり、より多くの項目に関してＭＭＴとこれまでの経済学を比較することもできます。

ＭＭＴに関しては先行研究が少なく、どちらかといえば新聞や経済雑誌上でＭＭＴを支持する人がその考えを開陳することで議論が活発化しています。そうした議論が、ＭＭＴに関心を持つ人を増やしています。

	MMT	これまでの経済学
財政赤字	問題視しない	問題視する
国債のデフォルト	デフォルトしない（自国通貨建ての発行ができる国）	デフォルトする（史実）
財政支出とインフレ	インフレは起きない	インフレは起きる
物価の安定の責任	政府（税率）	中央銀行
財政支出と金利	金利上昇を想定せず	金利上昇を想定
政府と中央銀行の関係	統合政府に近い	中央銀行の独立性は重要
経済体制	閉鎖経済	閉鎖経済と開放経済
外国為替レートへの影響	論じていない	影響あり

図16　ＭＭＴとこれまでの経済学の比較表

インターネット上のコメントなどを見ていると、ＭＭＴに関心を持つ人は、「ＭＭＴが主張するように、財政が悪化しても金利は上昇せず、ハイパー・インフレも発生していない。だから、ＭＭＴを批判する経済学者のほうが机上の空論を展開している。現実にそうなっているのだからＭＭＴは正しい」と考えます。それは一つの価値観です。

まず、財政赤字に関する考え方を確認しましょう。ＭＭＴと異なり、これまでの経済学では、財政赤字を拡大させ続けることをよしとはしません。マクロ経済学の発展に大きな役割を果たしたイギリスの経済学者ジョン・メイナード・ケインズは、景気が悪化した際には一時的に財政の赤字を容認し同時に金融を緩和することで投資を刺激し、需要の拡大を図ることが大切だと主張します。また、景気が拡大し物価が上昇する場合には、金融を引き締め、財政を黒字にすることで需要を削減し、経済の安定を目指すことが重要と説きます。つまり、ケインズは、財政政策と金融政策を通して政府が需要を管理するという考え方を重視しました。ケインズは、個別の企業などミクロの経済活動ではなく、国全体の経済活動を俯瞰的にとらえることを重視し、マクロ経済学を生み出しました。

この考えに反対する経済の専門家もいます。米国の経済学者でありノーベル経済学賞を受賞したＪ・Ｍ・ブキャナンは民主主義のもとでは財政の赤字は肥大化し、インフレバイアスが生じると主張しました。この点は後ほど詳しく扱います。

国債のデフォルトに関して、ＭＭＴは自国通貨建ての国債はデフォルトしないとしています。しかし、自国通貨建ての国債がデフォルトした例は多くあります。１９８０年代のメキシコやブラジル、１９９８年のロシアはその代表例です。アルゼンチンは複数回デフォルトを発生させています。１９９７年のアジア通貨危機発生を受け、韓国はデフォルト寸前の状況に直面し、ＩＭＦに支援を要請しました。リーマンショック後、単一通貨ユーロを導入しているギリシャ、ポルトガルの国債もデフォルトしました。両国はＥＣＢの金融政策に従っています。ギリシャ、ポルトガルの中央銀行は自国の経済状況に合わせて金融政策を運営できませんが、デフォルトしたことは事実です。イタリアやスペインも財政への懸念が高まりＥＣＢによる国債買取りプログラム（ＯＭＴ：Outright Monetary Transactions）によって危機的状況を切り抜けました。

経済体制に関しては、閉鎖経済と開放経済の二つの考え方があります。閉鎖経済とは、鎖国している状況を思い浮かべてください。１６３９年から１８５３年まで、わが国（江戸幕府）は鎖国を実施していました。鎖国が実施されている間、わが国は外国との取引を行わず、国内の資源のみを活用して経済を運営していました。マクロ経済学においては閉鎖経済と開放経済の両方を対象に研究が行われてきました。マクロ経済学では、閉鎖経済を前提にモデル（経済活動を分析する仕組み）を作ることがあります。閉鎖経済は海外と取引を行いません。為替レートが経済に与える影響を考えなくて済みます。閉鎖経済を前提に議論を行うことによって、よりシンプルに経済の活動を分析することができます。これは、マクロ経済の基本的な理解を持つためには大切です。

わたしたちの暮らす社会は開放経済です。わが国は、エネルギー資源や農産物などを海外から輸入しています。海外の株や債券に投資を行う投資家も大勢います。現実に沿って経済を分析するためには、何が金利の変動に影響し、その結果として自国通貨の為替レートがどのように変化するかを考える必要があります。

一方、ＭＭＴは、自国内の雇用に関して政府が責任を持つというように、国内で経済活動が完結することを前提にしています。これは閉鎖経済の考え方です。もし、自国通貨で国債を発行できる国がデフォルトを気にしなくてよいと考え、本当に国債を乱発したとすれば、その国の為替レートは暴落するでしょう。なぜなら、債務のリスクが急上昇し、だれもその国債を購入することができないからです。

3-2 財政政策には、本当に「規律」が必要か？

民主主義は財政赤字を増やす？

社会全体で共有できるモノやサービスを維持するためには、政治の役割が重要です。民主主義における意思決定は、多数決の原理に則ります。過半数の人が賛成する考えが社会全体にとって公平と考えるのです。１００％公平ということは実現が難しいですが、多くの人が相応の納得感を持って公平さを実感するためには、民主主義が欠かせません。民主主義における政治の役割は、多様な利害を調整することです。

国民は、選挙で代表者（政治家）を選び、その人物が一定の期間、適切に権力を行使することを期待して（信じて）、国の運営をゆだねます。一方、国民から得られた代表者である政治家は、自らの権力を維持・強化するために、権力を行使できる期間（政治家生命）をできるだけ長くしたいと思うようになります。自分が政界を引退した後も、子や孫が政治基盤を引き継ぎ世襲政治が増えることもあります。

政治家が権力を握るためには、何らかの便益を人々に提供し、支持を得なければなりません。減税はできても、増税は容易ではありません。

それに加え、国は老います。わが国では少子化と高齢化が同時に進んでいます。１９５０年、総人口に占める高齢者人口の割合は４・９％でした。それ以降、高齢者人口の割合は増加傾向をたどり、２０１８年には２８・１％に達しました。高齢化は、財政の赤字増加に無視できない影響を与えます。

当たり前ですが、高齢者は投票権を持ちます。高齢者の投票率は、他の世代を上回ります。２０１７年10月に行われた第48回衆議院議員総選挙では、投票率は53％程度でした。20代有権者の投票率が33％台だった一方、60歳代は72％、70歳以上は60％の投票率を記録しました。わが国の投票率が低下傾向にある中、高齢者の投票率は若い世代を上回って推移しています。

高齢者の投票率が高い理由は、自分たちの生活を守りたいからです。つまり、年金や医療など、これまで受けてきた社会保障（公共のサービス）が削減されることを防ごうとする心理が働いています。リタイアして年金に頼って生活をしている人にとって、財政再建の一環として社会保障の給付額が引き下げられる恐れがあることは、まさに死活問題です。このように、少子化と高齢化が進み、高齢者の考えが社会全体の意思決定に大きく影響する現象を「シルバー民主主義」といいます。

シルバー民主主義が進むと、財政の状態を一定に保つ（その時に必要な政策の経費を税収で賄い、財政の赤字と債務残高が増えないようにする）ことは難しくなります。わが国のように人口が減少する場合、経済の実力は低下してしまいます。結果的に、財政の赤字は将来的な経済の成長で賄うという主張が増えます。その延長線上にＭＭＴへの関心の高まりがあります。

財政学者ブキャナンの主張

１９８６年にノーベル経済学賞を受賞した米国の経済学者ジェームズ・ブキャナンは、財政の規律に強くこだわった経済学者でした。

彼は、民主主義の下で財政支出は増加し続けるため、均衡財政（財政の歳出と歳入のバランスをとる）の考えに基づき、税収の範囲内で予算を組む必要があると主張しました。この考えは、景気が悪化した際に、政府（官僚）は必要に応じて財政支出を拡大させ、経済成長率を高める能力を持つというケインズの考えと異なります。

ブキャナンの考え方に基づくと、財政黒字の黒字を実現する（財政赤字をなくす）ためには、国民の負担が欠かせません。例えば、増税や歳出のカットが考えられます。いずれも、わたしたちが避けたいと思う政策です。増税はわたしたちが自由に使うことのできるお金を減少させます。

一方、財政の赤字をわたしたちが直接実感することは難しいのです。財政が赤字になれば、政府が国債を発行して財源を確保します。現時点で、わたしたちが財源を直接、政府に渡しているのではありません。それをやめようとする政治家は、有権者からの支持を確保することが難しくなります。このようにして、財政の黒字化は実現が難しいが、財政の赤字は慢性的に続いてしまうとブキャナンは説きました。

国が債券を発行し、不足する財源を確保する際、人々は、直接的な負担を強いられません。皆さん自身の暮らしを考えても、「予算が100兆円を突破し、国の債務残高が増えている」といわれても、「だから何?」と、実感を持つことは難しいと思います。その一方、財源を調達するために、増税が行われるとなると、多くの人が強硬に反対します。消費税が反対されるのは、人々が自由にお金を使う余地を小さくするからです。このように、目的は同じであるにもかかわらず、財源を調達する方法が異なることによって人々の反応は大きく異なってしまいます。ブキャナンはこれを財政錯覚と呼びました。財政錯覚は、民主主義国家の財政が赤字続きの状態に陥りやすく、財政の規律が緩みがちになるという関連性を考える際によく使われます。

財政政策は持続可能であるべし

MMTは、政府は財政赤字をあまり気にせずに、国債を発行し、景気の安定を目指すべきと説きます。この財政赤字を恐れなくてもよいという主張は、これまでの価値観とは大きく異なります。この考え方は、現時点の経済環境に依存しています。つまり、「現在、財政の赤字が続いているにもかかわらず、金利は上昇していない。利払いの費用が増加して財政を悪化させ、政府の資金調達が行き詰まることは起きていない。だから、財政をより積極的に使ってよい」との考えに至るのでしょう。極論すれば今の状況が未来永劫続くという発想です。

財政の定義に立ち返ると、財政はその時々の社会を構成する人だけでなく、将来の世代にも共有できるものでなければなりません。

この問題を扱う際、「共有地（コモンズ）の悲劇」の考え方を使うと、財政の規律（ルールや目標・基準を定めること）の重要性がわかりやすくなると思います。

だれでも利用できる牧草地があるとしましょう。この牧草地は社会の共有物（コモンズ）です。人々は、自分の満足度を高めるために、牧草地において放牧する家畜の頭数をどんどん増やします。自分が頭数を増やすと、他人も「負けてはいられない」と頭数を増やします。

その結果、放牧地は家畜によって食い尽くされ資源が枯渇してしまいます。これは社会全体にとってマイナスです。言い換えれば、将来にわたって社会の共有物を受け継ぎ、「持続的に経済を成長させる」ことが難しくなります。地球温暖化や大気汚染などの問題は、コモンズの悲劇の典型的な例です。空気に関しては特定の人に所有権があるわけではありません。それはまさに世界の共有物です。

財政にもよく似たことがいえます。特定の世代や人々の利害に配慮して財政の赤字が放置され続けることは、あたかも、牧草が家畜によって食べつくされていく状況に似ています。財政赤字を放置し続けると、公債の発行残高が増え続けます。この結果、金融市場では政府の信用力への懸念が高まり、国債を買ってもらえなくなります。これは、共有されなければならない財政が行き詰まることを意味します。

本来、財政の運営は、持続性を重視し、将来の世代に対しても公平性が保たれるように運営されることが理想です。問題は、世代によって、考え方が異なることです。政治家は、すでに社会保障などの便益を享受してきた世代（例えば高齢者）などに配慮し、点数を稼がなければなりません。

それを防ぐには、ブキャナンの主張するように財政の規律を重視することが大切です。言い換えれば、財政の規律が重要であるという考えは、わたしたちが将来の世代に責任を持ち、公共のサービスやその時々の状況に合うと考えられる政策を運営することにつながります

3-3 これまでの理論では財政支出は金利を上昇させる

財政出動と市場金利の関係

ＭＭＴでは財政政策は物価を上昇させず、金利上昇への影響も大きくはないと考えます。

一方、これまでの（伝統的な）経済学の理論では、財政出動を行うとＧＤＰ（国内総生産）は増加し、その結果として金利は上昇すると考えてきました。

財政政策を通してインフラ投資などの公共事業を行うと、金利が上昇し、金利の上昇は需要を相殺してしまいます。この考えをまとめたのが、ケインズでした。ケインズは、財政政策と金融政策をうまく組み合わせて運営することによって景気を安定させることができると考えました。

財政金利と金利の関係を理解するために、海外との取引を行わない閉鎖経済を想定します。海外と自国の間

のお金の出入り（資本の流出入）はありません。

今、金融政策に変化がないと想定しましょう。その場合に政府が公共事業を増やすと道路や橋の建設が行われます。建設を進めるためには、人手が必要となり、雇用が生み出されます。公共事業を増やしました。公共事業によって「需要」が創出されることを意味します。MMTでは政府が雇用を保障して「失業ゼロ」を目指すことができると考えています。

需要が増えると、資金の需要が高まります。つまり、お金を必要とする企業や家計が増えます。どういう状況かといえば、需要の高まりを受けて企業が財の供給能力を高めようと、設備の投資を行うことを想像してください。工場の建設には多くのお金が必要であり、企業は必要な資金を金融機関から借り入れたり、市場から調達したりします。これが、資金需要が増大するということです。

お金を必要とする人が増えれば、お金のレンタル料である「金利」が上昇します。

以上をまとめると、次の流れが確認できます。財政出動⇓需要の増大（GDP成長）⇓資金需要の高まり⇓金利上昇となります。これまでの経済学の考え方では、財政の出動を行うと金利は上昇すると考えられてきました。

クラウディング・アウト効果

皆さんは金利が上昇すると、どのように行動するでしょうか。金利が上昇すると、資金を調達して投資を行うことは従来に増して難しくなります。お金を借り入れるにも、金利が上昇するとより多くの利息を支払わなければなりません。

財政出動そのものは、需要を生み出し、GDPを増やす働きを持ちます。同時に、財政出動は資金の需要を高めることで金利を上昇させます。金利の上昇は、設備投資を抑制する効果を持ち、需要（設備投資）の増加の一部を減殺してしまいます。これを、クラウディング・アウト（crowding out、押し出す）効果といいます。なお、MMTの提唱者であるケルトンは、MMTでは自国通貨建ての国債を発行できる国において、政府の赤字は民間の貯蓄の源泉となり、クラウディング・アウトは発生しないと考えます。

これまでの経済学の考え方では、クラウディング・アウトの影響を抑制するためには、金融政策を緩和することが重要であるとされてきました。特に、中央銀行が経済に出回るお金の量を増やすことによって金利の上昇が抑えられ、投資が増加し、モノ（財）やサービスの取引が増えることによってGDPが増大すると考えられています。なお、このような財政政策と金融政策の組み合わせをポリシー・ミックスと呼びます。

海外との自由なお金の流れを考慮する

閉鎖経済において、財政政策は需要を増大させ、その結果、金利を上昇させます。それは、設備投資を減少させ、民間の需要を一部減殺します。その影響を緩和するために金融緩和を行うことで金利を低下させることでGDPを増やすことができると考えられます。

この考え方に、海外との自由なお金の取引を加えましょう。

ポイントは、お金は金利の低いところから、高いほうに向かって動くことです。

水は、高いところから、低いところに流れます。お金はそれと反対です。なぜなら、（為替レートが不変であり、経済が安定していると仮定すると）金利の低いところよりも、金利の高いところで貯金をしたほうが、1年間により多くの利息を得られるからです。図17のグラフを見ればそれがよくわかります。なお、金利の上昇には、2つのパターンがあります。景気が良いから金利が上昇するパターンと、財政や政治、物価のリスク（不確実性）が高すぎるために、その見返りとして金利が上昇するパターンです。後者の場合、国のリスクの高さを反映し、通貨は下落します。

米国の緩やかな景気回復に沿って日米の金利差が拡大するにつれ、金利が低いわが国の通貨である円は、米ド

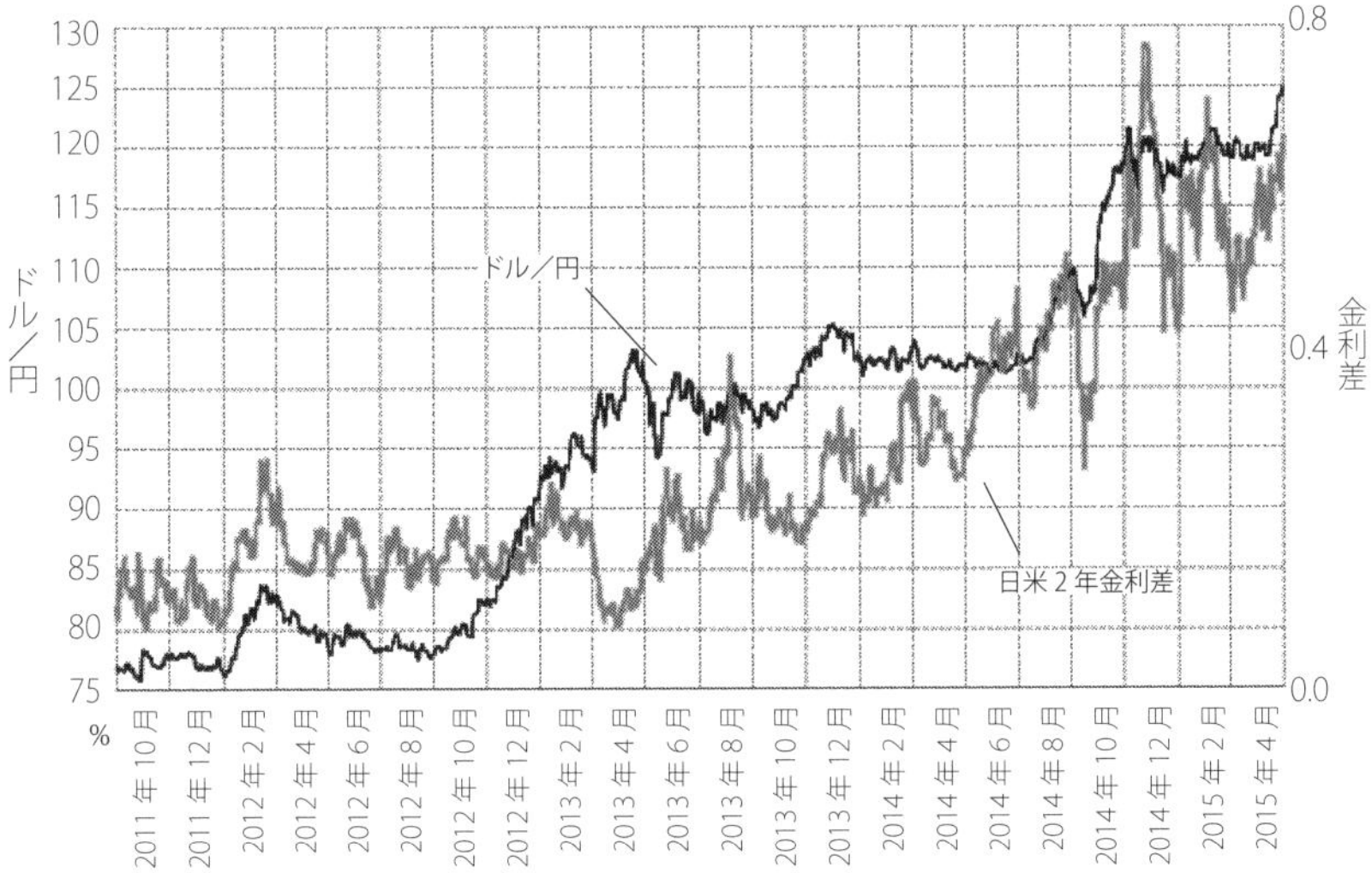

図17　日米の金利差（２年）とドル／円の為替レートの推移（データ出所：セントルイス連銀）

ルに対して減価しました（ドル高・円安）。特に、２０１２年後半から、ドル高・円安が顕著に進みました。この背景には、わが国にて政権交代（旧民主党から自民党へ）が進み、日銀が異次元の金融政策を導入するだろうという期待が急速に高まったことがありました。

先ほどの閉鎖経済における財政政策の例に立ち返ると、財政政策は需要を増大させることを通して、金利を上昇させます。他の国の経済状態が変わらないとすると、自国の金利が上昇することを受けて、海外からお金が流入します。なぜなら、お金は、金利が低いところから高いところに向かうからです。その結果、自国の通貨は他の通貨に対して上昇します。通貨が上昇すると、輸入にはプラスですが、輸出にはマイナスに働きます。そのため、開放経済において財政政策は十分な効果を上げないと考えられます。

一方、金融政策が緩和的に運営されると金利が低下します。この結果、自国から海外に向かって、資金が流れ出ます。これは、先のグラフにあるように、日銀が金融緩和を行うことへの期待が高まり、わが国よりも国債の利回りが高い米国に向かってお金が向かい、ドル高・円安が進んだことにほかなりません。つまり、開放経済において、財政政策は効果を発揮しづらいのに対して、金融政策は景気の安定に効果を発揮すると考えられます。この考え方は、カナダの経済学者ロバート・マンデルと、英国人の経済学者故ジョン・マーカス・フレミングによって提唱されました。

ＭＭＴと為替レートの関係

これまでの経済学の理論では、財政政策は金利上昇を招き、需要を減殺すると考えられてきました。しかし、足許の世界経済を見渡すと、わが国でも米国でも、そうした状況は発生していないといえます。２０１７年12月のトランプ減税によって一時的に米国経済が一段と勢いづいたように、財政政策を積極的に進めたほうが景気にプラスとの見方は多いのです。それが、ＭＭＴへの関心を高めています。

ただ、ＭＭＴは、財政赤字を気にせずに自国通貨建ての国債を発行し、景気の安定を目指す取り組みが、自国通貨の為替レートにどのような影響を与えるか、必ずしも明確に示していません。閉鎖経済と開放経済におけるこれまでの経済学に基づいたポリシー・ミックスを考えると、ＭＭＴは閉鎖経済の中で、中央銀行が国債を引き受けることによって財政資金を供給し、国民の雇用を増やすことを最優先に扱っています。もし、需要の刺激が行き過ぎた場合には、税率を引き上げることで物価を抑えることができるとも主張されています。確かに、異次元の財政政策が進む場合には、一時的に景気は良くなる可能性があります。

問題は、財政の規律を気にしないまま歳出を進めた結果、経済がどうなるかです。過去を振り返ると、財政悪化を気にせず歳出が進んだ結果、経済は大きく傷ついたことがわかります。

仮に、ＭＭＴに基づいた政策が進み、国内の需要が刺激されたとしましょう。その際、モノの供給はすぐには追いつきません。この結果、モノに対する需要が高まりすぎ、インフレが進行します。ＭＭＴではどの程度のインフレが適切と考えられるか、メルクマールが示されていません。政府が雇用への責任を果たすために国債の発行を続けるのであれば、インフレはさらに進行します。通貨市場において自国の為替レートは暴落するでしょう。このリスクにどう対応するか、ＭＭＴ主張者は説得力あるロジックを提供できていません。

3-4 財政政策は為替レートにも影響を与える

これまでの国際通貨制度の歴史

ＭＭＴでは、為替レートにどのような影響が起きうるかが明確に示されていません。

一方、これまでの経済学の理論では、経済政策と為替レートの関係が活発に議論されてきました。その議論に基づき、今日の国際通貨制度が出来上がりました。

前節で紹介したロバート・マンデルらは、開放経済において、財政政策は効果を発揮しづらい一方、金融政策は景気の安定に効果を発揮すると指摘します。この背景には、第２次世界大戦後の国際通貨のあり方に関する議論、そして、マンデルの母国、カナダの経済が直面した状況が大きく影響しています。それを確認するために、国際通貨制度（為替相場のあり方）の歴史を振り返りましょう。

１９４５年に第２次世界大戦が終了してから１９７０年代前半まで、世界の為替相場制度は「固定相場制度」でした。１９４４年、米国ニューハンプシャー州ブレトンウッズにて連合国国際通貨金融会議が開催されました。この会議では、戦後の世界経済の復興をどう進めるかが協議されました。連合国は、戦後の世界経済の運営を固定相場制度によって進めることに合意しました。

この背景には、第２次世界大戦以前の為替制度への反省があります。当時、多くの国が「金本位制度」を導入していました。これは、金を通貨の価値基準とする制度です。わかりやすくいえば、中央銀行が金庫に保管し、金の価値を数字(金額)で示したお金を発行します。最初に法律で金本位制度を導入した国がイギリスです。1816年にイギリスは、金1オンス（約31グラム）の価値を3ポンド17シリング10ペンス半に定めました。国が保有する金の価値を裏付けにお金を発行するということは、お金の信用度が金に裏付けされているということです。これこそが、お金の価値を安定させます。貨幣の価値を安定させるために、金本位制度を導入する国が増えました。

ただ、金本位制度には問題があります。国が保有する金の価値以上にお金を刷ることが難しくなるのです。お金の需要は常に一定ではありません。経済が成長し、貿易が増えると、金の量に裏打ちされただけのお金の量をコントロールするのでは、経済活動に支障が生じます。

1929年に世界恐慌が起きた後、多くの国が、金本位制度の限界に直面しました。1930年、米国は自国の産業や雇用を守るために、各国からの輸入品に対して関税をかけました（保護貿易）。また、1931年にはドイツの経済が大幅に減速し、米国大統領のハーバート・フーヴァーはドイツの戦後賠償支払いを1年延期しました。猶予措置にもかかわらずドイツの経済は悪化し、金本位制度を離脱します。ドイツは、イギリスへの戦後賠償にも行き詰まり、経済への不安が高まりポンドは売られ（金の海外流出）、イギリスも金本位制度を放棄します。ドミノ倒しのように、金本位制度から離脱する国が増えたのです。自国の通貨を切り下げ、輸出競争力を高めるために、金本位制度は各国の足かせになってしまいました。

また、各国は、自国を中心に植民地などを勢力圏に組み込み、その中で経済を成り立たせようとしました。

これがブロック経済圏です。ドイツは自国の領土拡大を目指して他国に侵略を始めました。国際関係は不安定化し、第2次世界大戦が勃発しました。

第2次世界大戦後の経済の復興を考える中で、連合国サイドは金本位制度が維持できなくなり、各国が自国の通貨切り下げに向かったことが第2次世界大戦の一つの原因になったと考えました。この反省に基づき、連合国は各国の通貨と米ドルの交換レート（比率）を固定しました。

為替レートを固定すれば、通貨の切り下げ競争は抑えられます。ドルと円の為替レートは1ドル＝360円で固定され、ドルに関してはその価値を担保するために1オンスの金と35ドルを兌換できることが決められました。こうして、第2次世界大戦後の復興は、ドルを基軸通貨とする固定相場制の中で進みます。これがブレトンウッズ体制です。

有益なカナダの教訓

第2次世界大戦後の国際通貨制度の中で、カナダは独自の取り組みを進めました。

1950年、カナダは変動相場制に移行したのです。理由は、ドルとの固定相場制度を導入すると、カナダは米国の金融政策を追従しなければならず、自国の事情に合わせて政策を調整することが難しくなるからです。第2次世界大戦後、米国は戦後の復興を急ぎ、天然資源が豊富なカナダとの関係を重視し、カナダの意向を尊重します。1950年代半ばまでカナダは変動為替相場の下で景気の回復を実現しました。

良い状況がいつまでも続くとは限りません。1950年代後半、カナダ経済は減速し始めました。しかし、カナダの中央銀行はインフレ抑制するために金融を引き締めました。一方、景気を支えるために、カナダ政府は財政出動を行います。財源を得るために国債を発行すると、金利は上昇します。金利上昇が需要を圧迫します。これがクラウディング・アウトです。

元からの高金利に、財政出動による追加的な金利上昇圧力が加わり、失業率は上昇してしまいました。カナダの中央銀行は政府や国内の経済学者から批判されました。

景気が悪くなれば、その国の通貨は売られます。1961年には先行き懸念の上昇からカナダドルへの売り圧力が強まりました。

これは、国際通貨体制に関する重要な教訓を含んでいます。変動為替相場制度の下、カナダの拡張的な財政政策は効果を上げられませんでした。インフレを抑制するための高金利政策がカナダへの資金流入を喚起し、さらに財政政策面からの金利上昇圧力が加わることで、需要は減殺されます。自国通貨が上昇すると、輸出は伸び悩みます。まさに、マンデルとフレミングが指摘した通りです。

1962年、カナダは変動相場制度をあきらめ、固定相場制度を採用しました。

国際金融のトリレンマの問題

マンデルはカナダの教訓をもとに、為替レートの安定、独立した金融政策、資本の自由な移動の3つを同時に実現することはできないと説きます。これが「国際金融のトリレンマ」です。

自分の国の通貨の為替レートがドルに固定されると、その国の金融政策が米国のＦＲＢの決定をコピーしなければなりません。お金は、金利の低いところから、高いところに向かいます。固定相場を維持するために、金利差は大敵です。理論上、ドルと円の為替レートを一定に維持し続けるためには、日銀はＦＲＢと全く同じように金融政策を運営するのです。１９６２年にカナダは固定相場制度に復帰し、金融政策の独立性を失いました。カナダは金融政策の自由さを手放して為替レートを安定させつつ、お金の自由な出入りを維持しました。反対に、固定相場制度の中で金融政策を自由に運営すると、お金の自由な出入りを規制しなければなりません。資本が自由に移動すると、為替レートを安定（固定）させることができないからです。①金融政策の独立性、②為替レートの安定、③海外とのお金（資本）の自由な取引うち、２つは同時に実現可能です。しかし、３つすべてを同時に成立させることはできません。

この考えに基づいて、わが国や、米国は、独立した金融政策（自国の事情によって金融政策を運営する力）を行い、自由な資本の移動を認めています。新興国などでは、自国の通貨をドルに連動させつつ、資本の移動を規制（自由に通貨を売ったり買ったりできないようにするなど）して、金融政策の独立性を維持しようとする国があります。

ＭＭＴ支持者は、こうした戦後の国際金融制度の歴史をどう説明するでしょう。

財政ファイナンスを実行して莫大な財政出動を推し進めれば、一時的には需要は喚起され、景気は持ち直すでしょう。その場合、その国の通貨は他の通貨に対して上昇するはずです。問題は、その状況が続くか否か、わからないことです。将来は不確実です。同じ状況がいつまでも続く保証はありません。

MMTに基づいた経済政策が進み、景気が過熱しすぎると、インフレが急速に高まる恐れがあります。バブルが発生し、資産価格が急騰することもあるでしょう。バブルが崩壊すると、人々は極端にリスク回避になり、経済は大きく落ち込んでしまいます。

そうなったときに、MMTの考えに従って増発された国債の元利金を支払い、財政を維持するのは口でいうほど容易なことではありません。先行きへの懸念を理由に、資本は海外に流出するでしょう。同時に、中央銀行が政策金利を急速に引き下げ、他の国から「自国の利益を優先した通貨切り下げだ」と批判されることもあり得ます。そうなると、国同士の関係が悪化しかねません。

3-5 借金を増やすと国債はデフォルトするか

デフォルト（債務不履行）とは

わたしたちがお金をだれかに貸すときに重要なのは、その人が本当に貸したお金（元本）と利息を約束通りに支払ってくれるか否かです。この、「約束通りにお金を返してくれるか否か」という「不確実性」を「信用リスク」といいます。約束した期日に、利息に支払い、および利息と元本の支払い（満期日）ができなくなることを、債務の不履行＝デフォルトといいます。お金を貸す相手がデフォルトに陥る可能性がどの程度あるかを判断することが、信用リスクを見極めるということです。借金が増え続けると、デフォルトへの不安は高まります。

以下の例で、デフォルトのリスクをどう考えるかを実際に見てみましょう。

それなりに知っている人にお金を貸すことを想定してみます。

まず、堅実に働き、貯金もある、お金の使い方もつつましやかな若者Aくんにお金を貸すことを考えてみましょう。まじめに仕事もし、貯金もあるわけですから、貸したお金はかなりの確率で約束通りに返済されると期待できます。こうした人にお金を貸す際、あまり心配はいりません。

Aくんにお金を貸してほしいといわれたのと同じタイミングで、知り合いのBさんからもお金を貸してほしいと相談されました。Bさんは退職を控えており、仕事はしていますが、金使いが荒いことで有名です。給料日になると一気に使ってしまうことも少なくありません。たまに、銀行からお金を借りています。老後に備えて貯金はありますが、日々の散財がたたり、借金の返済もあるため徐々に取り崩しています。

Aくんに比べBさんにお金を貸すとすると、それなりのデフォルトのリスク（貸したお金が約束通りに返ってこない可能性）を覚悟する必要があります。相対的にリスクが高い分、Bさんにお金を貸す際の金利はAくんよりも高くなければなりません。Bさんが借り入れを増やせば、デフォルトへの不安はさらに高まってしまいます。

借金の多いか少ないかは、デフォルトリスクに無視できない影響を与えます。デフォルトのリスクが高いと判断されれば、借り手はそれに見合った高い金利を負担しなければなりません。これは、個人も企業も国も同じです。

デフォルトするリスクが低いと考えられる国であれば、お金を借りる際のレンタル料である金利は低く抑えられます。一方、デフォルトのリスクが高い国は、よっぽどリスク愛好的な投資家でない限り、お金を貸せません。もしその人がお金を貸すとしても、リスクの高さに見合ったかなりの高い金利を要求します。これが、お金の貸し借りと金利の関係を考える基本です。

そう考えると、わが国は特異です。今のところ、国の債務が増える一方、デフォルトのリスクは抑えられています。日銀の買い入れや、家計の金融資産の保有額、一般企業のキャッシュ保有などわが国特有の事情が低金利を支え、債務増加への懸念を抑えています。だからもっと借金を増やして景気を刺激すればよいという考えが増えるのも無理ありません。

ＭＭＴと国債のデフォルト回避方法

ＭＭＴ支持者は、「自国通貨建ての国債はデフォルトせず、財政の悪化はそれほど気にする必要はない。だから、政府は積極的に財政出動を進めて景気安定を目指せばよい」と主張します。ＭＭＴでは、国が税金を徴収する力を持っていることが、国債の価値を担保すると考えています。

これに加え、デフォルトを防ぐ方法はほかにもあります。もし政府の信用リスクが高まった場合には、自国の通貨を発行する権利を持つ中央銀行が市中の銀行に積極的にお金（流動性）を供給します。それを通して銀行が国債を買います。こうすることで、デフォルトを防ぐ、あるいは遅らせることは技術的に可能です。

さらには、徴税権を強力に行使することもあり得ます。それが「預金封鎖」です。

１９４４年、軍事費の増加から、わが国の国債残高はＧＤＰに対して２６０％を超えました。第2次世界大戦の終結とともに、国内では生活物資が不足しました。戦時補償の問題なども加わり財政は悪化し、急速に物価が上昇しました。わが国は、国債のデフォルトと物価の高騰を抑えるために、預金封鎖に踏み切ります。

１９４６年2月16日、政府は「金融緊急措置令」と「日本銀行券預入令」を発表しました。それにより、①2月17日以降に全金融機関にある預金・貯金を封鎖すること、②3月2日をもって、10円以上の銀行券を無効にすること（発表後に5円紙幣も追加された）、③3月7日までに国民に銀行券を強制的に預け入れさせて、すでにある預貯金とあわせて封鎖する。④2月25日に新しい銀行券（新円）を発行し、条件付きで新旧の銀行券の引き換えや新円での預貯金の引き出しを認めました。

預金封鎖の目的は、その間に政府が国民の資産を確認するためでした。つまり、国民の財産を査定して、どの程度の税収を確保できるか見定めたのです。その後、25％から90％まで14の税率段階を設けて国民に財産税をかけました。預金封鎖を通して政府は徴税権を行使し、ハイパー・インフレの鎮静化と、国債の償還資金を確保しました。

このように考えると、確かに、徴税権を強力に行使すれば、国債の返済を行うことはできます。２０１３年には、ギリシャの財政危機のあおりを受けてキプロスの信用リスクが高まりました。キプロス政府は預金封鎖を断行し、預金に税金を課すことで財政を立て直そうとしたのです。これは経済の規模が小さく、単一通貨ユーロに入っていたキプロスだから許容された措置でした。それを嫌った預金者は、資産を仮想通貨の「ビットコイン」に交換し、資産を海外に移しました。

財政の悪化が進むと、いずれ物価が高騰し、社会が不安定化します。財政出動が増えることで一時的に景気が高揚したとしても、それが長く、いつまでも続くとは考えられません。いったん財政の悪化を止めることが難しくなり、物価の上昇が続くと、その負担は国民に回ってきます。長期的に考えた時、ＭＭＴがわたしたちの生活を豊かに、かつ、安定したものにできるとは断言できません。

プライマリーバランスの重要性

財税の悪化を食い止めるために、わが国はプライマリーバランスの黒字化を目指しています。プライマリーバランスとは、基礎的財政収支と呼ばれます。プライマリーバランスは、税収とその他収入の合計から、政策に必要な経費を引いた値のことを指します。この計算の結果がゼロということは、社会保障や公共事業などを行うために必要な経費を、税収などで賄えているということです。プライマリーバランスが赤字ということは、税収などよりも多くの政策経費が必要になり、国債の発行が必要になることを意味します。

家計に置き換えて考えるとわかりやすいでしょう。

プライマリーバランスが赤字であるお宅では、お父さんが稼いできた給料以上にお母さんが買い物をしてしまい、毎月、お金を借りなければなりません。その場合に重要なことは、給料の伸び率が、借金の金利をと同じ水準か、上回っているか、それとも下回っているかです。

給料が毎年2%増えています。借り入れの金利は同1%です。この場合は、増えた分の給料で金利を支払い、余った分を貯金することができます。時間はかかりますが、家計の資産に対する債務の割合は少しずつ低下します。

反対に、給料の増加ペースが年1%で金利が3%だとすると、給料が増えた分で支払金利を賄いきれません。この家計は、貯蓄を取り崩して金利を支払う必要に直面します。貯蓄を取り崩せば家計の資産が減ります。つまり、家計の資産保有額に対する債務の割合は上昇していきます。給料の増加ペースが借金の金利を上回らない限り、家計が持つ資産に対する債務の割合は増加し続け、信用リスクが上昇してしまいます。

政府がプライマリーバランスの黒字化にこだわっているのは、債務の膨張を抑えるためなのです。わが国の金利は低下しており、プライマリーバランスの黒字化先送りは大きな問題にはなっていません。ただ、ひとたび景気が減速し、成長率（家計の昇給ペースに相当）が低下すると、わが国の債務比率は従来以上のペースで増加し始めます。インフレも進みます。

そうなったとき、将来の成長を原資に、国家の債務を返済するという主張を世界の債券投資家に信じてもらうことはできません。財政出動は景気安定のために重要ですが、財政の悪化を気にしなくてよいとはいえません。

3-6 物価はコントロールできるのか

中央銀行の過信？

これまでの経済学では、金融政策によって物価の安定は実現できる（物価はコントロールできる）と考えてきました。背景には、過去の政策が成功したことに基づく中央銀行の「自信」があります。

伝統的な経済学では、原因と結果を合理的な理屈で結び付け、その通りに経済が動くと考えます。合理的であるとは、理にかなっている、無駄がないということです。例えば、金利が低下すると、お金は借りやすくなります。人々はお金を借り、消費や投資を増やして自分自身の満足度を高めることができます。これが伝統的な経済学の考え方です。金融政策と物価の関係について経済学では「わたしたちは、中央銀行が適切と考える物価の水準に従って景気を予想し行動するから、物価のターゲット水準は実現できる」と考えてきました。

実際、この考え方がワークした時期がありました。1979年からの米国ではポール・ボルカー元FRB議長が利上げを進めることによってインフレを退治しました。1980年はじめ、ボルカーの指揮により米国の政策金利は20％にまで引き上げられ、徐々に物価は落ち着きます。これは、金融政策を発動することで中央銀行が望ましい物価水準を実現できたことにほかなりません（次頁図18）。

1990年代に入ると、80年代に比べ物価の上昇率は穏やかになります。その中、インターネット技術の開発とその実用化によって、企業の生産活動などの効率性が高まり、より多くの付加価値を獲得し始め、米国経済は成長を遂げます。

物価が比較的に落ち着く中で経済が成長する経済環境は、「グレートモデレーション（大いなる安定）」と呼ばれています。いつから、いつまでがグレートモデレーションの時代だったかは専門家によっても意見が異なりますが、おおむね１９９０年代から２００７年前半頃までが大いなる安定を実感しやすかったとの見解が一般的です。特に、２０００年代に入ってから２００７年夏場までの米国経済は住宅バブルに浸って人々が熱狂し、借り入れを通して消費を増やす一方、物価は低位に推移し、株価や債券価格も安定的に推移する状況が続きました。

このグレートモデレーションの時代が、経済学者に一種の自信を植え付けました。金融政策で物価はコントロールできるという考えがが、米国を中心に世界の経済学者に支持されます。それに伴い、中央銀行が望ましい物価の水準を定め、

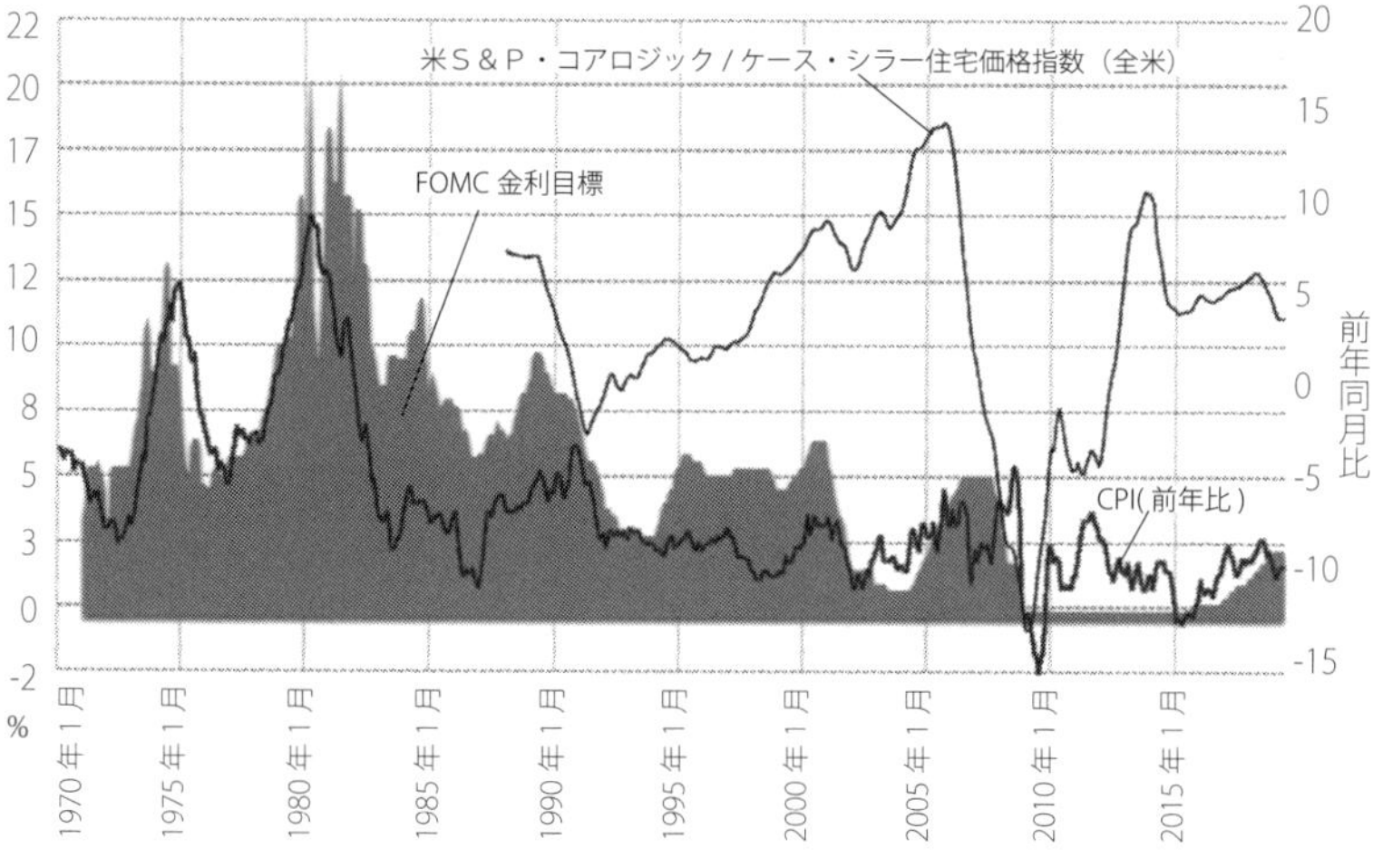

図18　米国の政策金利、消費者物価指数、住宅価格の推移（出所：セントルイス連銀）

その水準に物価が落ち着くよう金融を調節すれば、人々は金融政策に従って予想し、消費や投資を行うという考え方が広まりました。

物価が高すぎるのであれば、金融引き締めを行う、物価が低下している場合には金融緩和を行う。それによって、人々は合理的に（理屈に合ったように）将来の経済を考え、消費や投資を行うと経済学者は考えたのです。これが物価を特定の水準で安定させようとするインフレ目標の重視につながります。

デフレ経済におけるわが国の金融政策

バブル崩壊後、1997年頃から、わが国はデフレ経済の様相を呈しました。バブル崩壊後の資産価格の下落と不良債権の増大を受けた金融システムへの不安が景気を悪化させました。バブルが発生し、それが崩壊すると不良債権処理などの負担が大きくなり、金融システムが不安定化することは忘れてはなりません。

その上、1997年には橋本龍太郎政権（当時）が消費税率を3％から5％に引き上げました。この増税が国内の個人消費を冷え込ませました。2001年に入ると政府が『「持続的な物価下落」をデフレと定義すると、現在、日本経済は緩やかなデフレにある』との見解を示します。

この状況の中、ポール・クルーグマンなど米国の経済学者は、「日本経済がデフレを脱して、物価の安定を実現することが景気の安定に欠かせない。日銀は、もっと積極的に、思い切って経済にお金を供給しなければならない」と主張し始めました。こうした海外での主張が、アベノミクス化での異次元の金融政策に大きな影響を与えることになります。

その後、2002年からは不良債権の処理が本格的に進み、バブル崩壊によって傷んだわが国の金融システムは徐々に回復しました。2006年7月、内閣府の月例経済報告では前月に用いられた『物価の動向を総合してみると、物価の持続的な下落（デフレ）という状況にはある』との記載が削除されました。これは、日本経済がデフレの状態ではなくなったとの公式見解です。さらに、9月には、政府の政策態度が『デフレからの脱却を確実なものと』する、から、『物価の安定基調を確実なものと』するに修正されました。

バブル崩壊後からデフレ脱却まで、日本銀行は金融緩和的な環境の実現に重視しつつも、過度な金融緩和には慎重な姿勢をとり続けました。その理由は、日銀が、日本経済の長期停滞の原因は、バブル崩壊後の産業構造の転換が進まないことなど、バブル崩壊の後遺症に影響されていると考えたからです。その状況の中でわが国がデフレ経済ではない状況に至ったのは、住宅バブルの膨張により米国を中心に世界経済の好調さがありました。

リーマンショック後、わが国の金融政策に対する緩和要請は一段と勢いづきます。2009年11月、政府はわが国が緩やかなデフレ状態にあるとの見解を示しました。その後、ユーロ圏の財政危機の深刻化や東日本大震災が発生しました。2011年10月末には、ドル／円の為替レートが75円32銭まで下落しました。円高が進む中で国内企業は、成長期待の高い市場へのアクセスなどを重視し、海外進出を加速させます。

その中で、政治サイドからは、デフレ経済が国民の心理を圧迫し、景気の長期低迷と先行きへの悲観論をもたらしている。日銀はより積極的に金融緩和を進め2年で2％の物価安定の目標を実現しなければならないとの主張が強まります。政治的な要請が、2013年4月の量的・質的金融緩和に発動につながりました。

無視できない影響を与える円の為替レート

日銀が異次元の金融緩和を推進した背景にも、人々は中央銀行が目指す物価安定の目標に従って行動するという理屈がありました。時代は変わりますが、理屈はすぐには変わりません。

しかも、日銀は2年で２％のインフレ目標を実現すると、短期決戦型の金融緩和を進めました。日銀は従来にはないマグニチュードでマネタリーベースの増加を実現し、人々のマインドを好転させ、物価の上昇と安定を目指しました。しかし、現在になっても、日銀の目指した物価安定の目標が達成しできていないことはこれまでに記した通りです。

日銀の総括的検証によると、量的・質的金融緩和は、『当初うまく機能し、実施1年後には消費者物価は１・５％（消費税の影響を除くベース）まで上昇しました』とあります。まず、日銀は異次元の金融緩和に踏み切り、国内の金利に低下圧力をかけます。短期から４０年までの金利が大幅に低下した結果、人々は国債保有しても満足のいく利息を得られなくなりました。

重要だったことは、日銀が量的・質的金融緩和を始めたタイミングで、米国の景気が緩やかに回復し、世界経済全体が持ち直していたことです。これが、ドル高・円安を支えました。２０１１年11月以降、徐々にドル高・円安が進みました。米国の景気回復に支えられて米金利が緩やかに上昇するとの期待が高まり、円を売ってドルを買い、より金利の高い米国債を買って金利差の享受を狙う「円キャリートレード」が増加しました。

通常、米国は自国の経済状況が良好である場合、ドル高には比較的寛大です。どういうことかといえば、多少のドル高には目をつむり、世界経済の安定を優先します。ドル高は、米国への資金流入を支えるために大切です。ドルの上昇は米国の輸出にはマイナスですが、世界経済が安定し各国の消費などが増えるなら、自国にそれ以上のメリットがあると米国政府は考えてきました。わが国が異次元の金融緩和に踏み切ったとき、米国が多少のドル高には目くじらを立てる状況ではありませんでした。

端的にいえば、日銀の異次元の金融緩和は、米国の景気回復とドル高容認姿勢への期待を反映して進んできたドル高・円安の流れを増幅させました。ドル高・円安はわが国の企業業績をかさ上げします。円安による収益の上振れに加え、ドル建てで受け取る海外子会社からの配当や海外子会社の資産の評価額を円に直すと、円安の分だけ額が大きくなります。これが、日本株の上昇を支えました。企業業績が上振れ、賃上げも進みました。アベノミクスは金融政策一本足打法を取り入れ、異次元の金融緩和で円安を押し上げたといえます。

量的・質的金融緩和の開始後、一時的にわが国のマインドが上向き、物価が上昇したのは、海外経済の好転に恵まれたからです。わが国の自律的な要因（新しいヒット商品の登場による国内個人消費の急増）などによって物価が持ち直したとはいえません。

その間、政府の予算も増えています。金融・財政政策の両面で経済に供給するお金の量は増えています。それでも、「持続的に」物価をコントロールすることはできていません。

経済政策の理論が生み出されるには、かなりの時間が必要です。過去の経済状況をもたらした原因と、それに対する政策対応という結果を合理的な理屈で結び付け、多くの専門家などの納得を得ることは大変です。その間にも経済は変化します。また、物価の持続的な下落が本当に経済成長を押し下げてしまったかに関しても、議論は分かれています。わが国において、金融政策と財政政策の違いはありますが、経済に莫大なお金をつぎ込んでも、物価は上昇しませんでした。

金融政策に過度に依存して物価の上昇と景気の回復を政府と日銀が求めた結果、金融の緩和は限界を迎えています。一時的には効果を発揮したとしても、政策を通した過度な資金の供給が持続的な経済の安定につながるとは限りません。ＭＭＴの発動が必要だと議論するよりも前に、持続的な経済の成長にとって何が一番重要か、そのために政府や中央銀行はどう動くべきかを議論することが重要です。お金をばらまけば、新しいものが生まれ、需要が高まるわけではありません。

4

MMTの主な問題点は何か

ＭＭＴ理論さぁ…
とりあえず試してみたくないか
失敗しそうになったらブレーキを踏めばいいもんな！
そうそう！上手くインフレになれば俺の借金も減るんだろ
まだ1万返してなかったのかよっ！
今日の金利（ジュース）ももらってるし返済はゆっくりでいいからな
そんなことよりＭＭＴを作って実践するデメリットってあるのか？
物価も安定、低金利が続いてる日本ならないだろ
実は そうとも言い切れない
え
ＭＭＴは万能薬というより……
劇薬に近いんだ
ガタン
ガタン
プア…ン

た例え劇薬でも病気が治れば良かろうなのだ！
劇薬…
病気といえば…お前腰痛酷いらしいがヘルニアの手術しないのか？
えっ
いやその…
腰は早めに治療した方がいいぞ
だってさいざ手術となると怖いよ～
失敗したら麻痺が残るかもしれないらしいし…
ドキドキ
いざ手術するとなるとリスクが…
あっ!?
MMTも似た感じか…
そう！
確かにいざ実践となると課題は多い…
MMTの今指摘されている問題点なども勉強する必要がありそうだな

4-1

MMTは万能薬ではない

MMTへの過大な期待

MMTを支持する人は、この理論に基づいた政策を進めれば、経済は安定し、物価も上昇しない、財政のことを気にする必要もないと考えます。また、景気が過熱しすぎた場合には、政府が政策を引き締めて景気を落ち着かせることもできると説きます。彼らはケインズの経済学をもとにしてMMTの理論を提唱しています。MMT支持者は、その考えをもとにした政策を通して経済を上向かせ、すべての人々にとって望ましい状況を実現できるとしています。あたかもMMTは経済成長の「万能薬」のようなものに見えてしまいます。

MMTへの関心の背景には、人々の根源的な欲求、あるいは願いがあります。わたしたちは、「良い状態がずっと続いてほしい」と思うのです。

世界の平和が続いてほしい、毎日楽しい生活が続いてほしい、こうした思いは万国共通です。経済に関しても、安定した状況が長く続き、企業の収益とお給料が着実に増えていってほしいという思いも、多くの人に共通です。

特に、政治家にとってMMTは従来にはない政策を進めることによって経済全体の底上げができると主張し、人気をとるためにうってつけです。

米国の若手政治家であるオカシオ＝コルテスは、MMTを進めて環境の保護や、学生ローンを軽減すべきと主張しています。米国では、お金を借りて大学に通う人が大勢います。ただ、授業料と金利の上昇が就職後の賃金の増加ペースを上回っており、返済に窮する人が増えています。それを政府が助けることで人々の生活を支えなければならないというのがオカシオ＝コルテスの主張です。確かに、MMTによって大学卒業のために借りたお金を政府が肩代わりしてくれるなら、そんないい話はありません。教育は、企業の研究開発力を高めるなど、経済の成長にとても重要です。そう考えると、学生のローン負担が問題になっている米国でも、MMTを実践せよという議論がさらに増えるでしょう。

また、わが国のように、金融政策が限界を迎え、財政政策の重要性が高まっているケースもあります。

わが国では中央銀行が積極的にお金を供給する一方、政府の予算は増加しています。基調として財政赤字は拡大し公的債務は増え続けています。にもかかわらず、金利は低下基調をたどっ

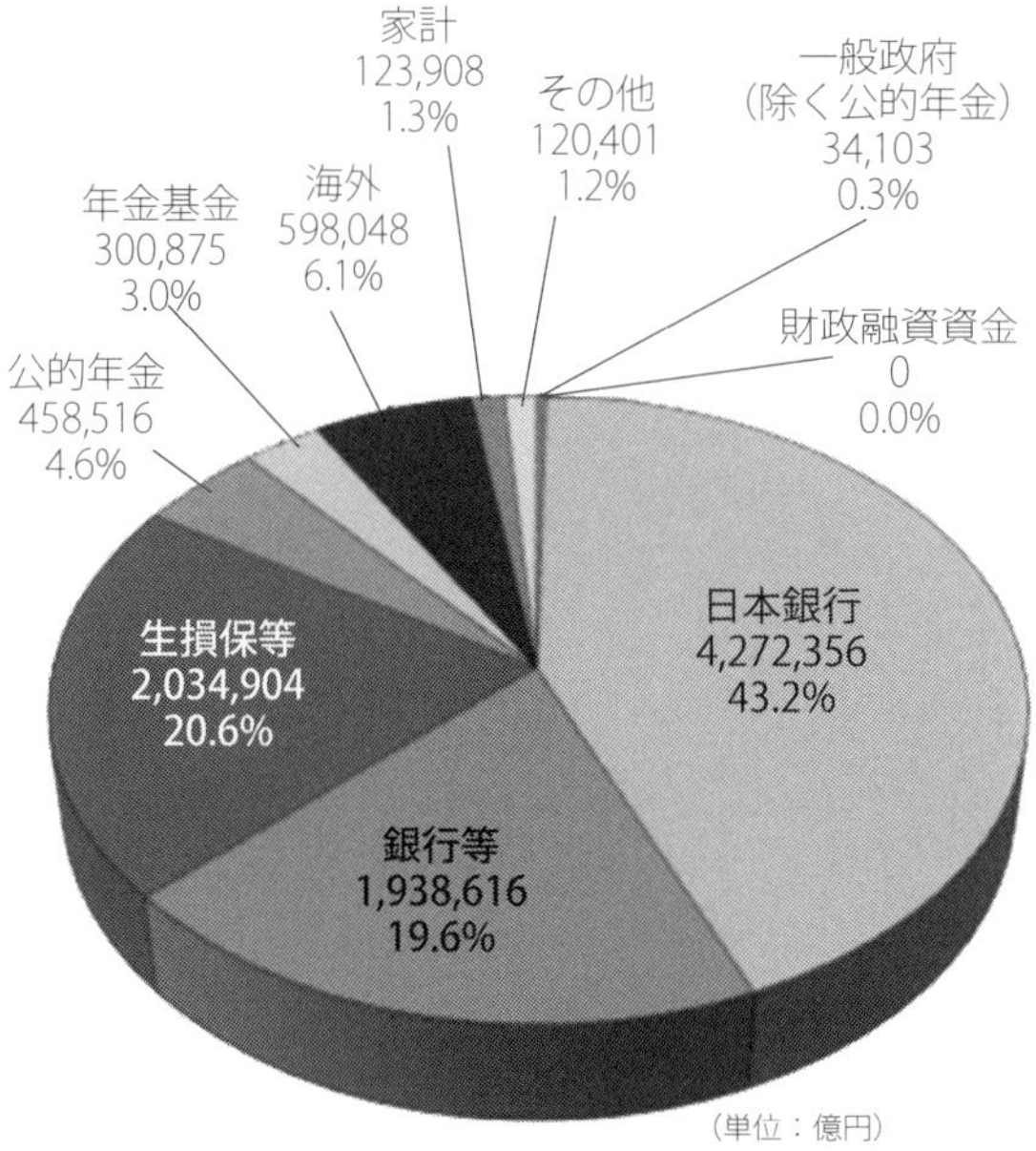

図19　国債の保有者別内訳（出所：財務省　債務管理リポート２０１８）

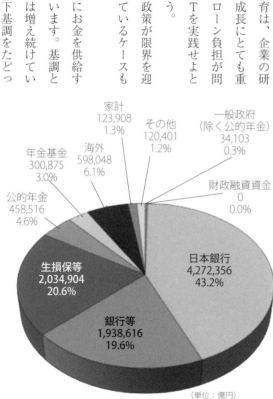

ています。加えて、わが国の国債のほとんどが、国内で消化されています（図19）。かつてのギリシャのように、国家の信用リスクが高まり国外に資金が流出し、財政運営がむつかしくなる状況にはありません。

結果的にわが国の現状を振り返ると、自国通貨建ての国債はデフォルトしないというMMTの主張を実践してきたように見えてしまいます。この状況が、海外のMMT支持者による、「わが国が結果的に見るとMMTを実践してきた」との指摘につながっています。

わが国では、政府を中心に財政の再建が重視されています。財政の再建には増税による歳入の増加、あるいは歳出のカットが必要です。いずれも、国民の生活には痛手です。

一方、MMTでは、増税をして国民に負担を求めるのではなく、国債の発行を増やして雇用を生み出すことに政府は責任を持たなければならないと考えます。国民に増税などの負担を強いることがないという考えは、経済が停滞する中で政治家が支持を取り込むために有効です。

MMT主張者は、自国通貨での国債発行能力を持っているが、財政内容が悪化し、債務の返済懸念が高まっている国に対しても、「財政のことはあまり気にせず、政府は国債の発行を積極的に行って雇用の創出に邁進せよ」といえるでしょうか。常識的に、それはできません。MMTは経済運営の万能薬ではありません。一部有効な発想はありますが、節度を持って財政を議論することが重要です。

本当にコントロールできるか？

ＭＭＴが経済成長に有効だと主張する背景には、「コントロールへの幻想（イリュージョン）」の影響があります。これは、ＭＭＴへの期待を高める一因です。

わたしたちは、実際にそうなっていないにもかかわらず、状況を自分の力でコントロールしていると錯覚してしまいます。過信が、認識のゆがみを生み出します。ＭＭＴに関しては、現在の状況が続くという過信、政府の物価管理能力への妄信があります。

経済が常に一定の状況を維持できるとは限りません。例えば、第２次世界大戦後、米国の景気回復の期間は平均して５年です。リーマンショック後、２００９年７月から米国の経済は上向きました。２０１９年に入っても、米国経済は回復の力を維持しています（図20）。

その理由の一つは、もともと景気が良く、刺激策が必要ないにもかかわらずトランプ大統領が大規模な減税を実施したからです。米国経済の回復は、オバマ政権での不良債権処理やシェールガス開発の促進、ＩＴ企業によるイノベーション

図 20　米国のＧＤＰ成長率の推移

など様々な要因に支えられています。トランプ大統領は米国が過去最長の景気回復を実現しようとしていることを、自らの手柄だと主張しています。これはコントロールへの幻想を考えるわかりやすい例だと思います。

わたしたちは、自分たちにとって都合の良い状況が続くと、「未来永劫、好ましい状況が続く」と思い込んでしまいます。あたかも、自分自身がすべての状況をコントロールできるかのように、自分自身に都合よく周囲の状況を解釈してしまうのです。この認識が、MMT提唱者の主張に大きく影響しています。

資産のバブルが発生した時の人々の心理はまさにそうです。多くの人が過度に将来を楽観し「株は未来永劫上がり続ける」というように思い始めます。投資家は、自分が相場を支配しているかのような錯覚を抱きます。難しいのは、バブルが発生していたことは、バブルが崩壊しなければわからないことです。バブルがはじけて初めて、投資家コントロールへの幻想に浸っていたことに気付きます。その際、たいていは大きな損失という痛手を被ります。

バブルの教訓を振り返ると、経済の予測がいかに難しいかを痛感します。これまでの経済学では、なぜバブルが発生するかという問題に多くの経済学者が挑んできましたが、見解をまとめることは容易ではありません。そのため、これまでの（伝統的な）経済学では、バブルを例外的な事象（アノマリー、理屈が通用しない経済の環境）として扱ってきました。いわば、真正面からバブルに向き合ってきませんでした。

MMT提唱者は、政府が物価をコントロールできると考えています。現実的に、政府が適切な物価の水準を見極め、その実現と安定に取り組むことは困難です。それにもかかわらずMMT主張者は政府が物価をコントロールできると説きます。この背景にも、コントロールへの幻想があります。

根本的な問題として、将来は不確実です。わが国では2%の物価安定の目標を政府が日銀にのませました。日銀は政府との共同声明に基づいて2%の物価目標を2年で実現すると誓いましたが、実現できませんでした。これは、重要です。政府も中央銀行も、その国にとって望ましい物価を考えたとしても、その水準を実現することは至難の業です。物価が上昇し始めたとしましょう。前年同月比で見た消費者物価指数の上昇率が2・5%で財政を引き締めればよいか、あるいは4%で引き締めを行うべきか、特定の適切な水準を決めることは難しいのです。物価が上がったからといって財政引き締めた結果、想定外に景気が落ち込むこともあるでしょう。そうなると、国の信用リスクが高まりデフォルトへの懸念が高まる可能性は否定できません。

4-2 中央銀行が国債を引き受けるとどうなる

中央銀行による国債引き受け禁止

わが国の財政法第5条では『すべて、公債の発行については、日本銀行にこれを引き受けさせ、又、借入金の借入については、日本銀行からこれを借り入れてはならない。但し、特別の事由がある場合において、国会の議決を経た金額の範囲内では、この限りでない』と記されています。原則として、中央銀行である日銀が、政府の発行した国債を「直接」引き受けてはならないということです。

この法律は、自国通貨建ての国債を発行できる政府は財政赤字のことをあまり気にせず、国債を積極的に発効して景気安定を目指すことができるというMMTの主張と大きく異なります。基本的に、政府が国債の発行を通して景気の安定を目指すためには、中央銀行による公債の引き受けが必要です。この財政ファイナンスによって、政府は予算に合わせて国債を発行し、それを中銀に引き受けさせることで必要なだけお金を人々に供給させることができます。

いったん中央銀行が政府の国債を引き受け始めると、政府の財政運営の節度や規律が失われます。政治家は自分の利害を優先して、支持者に有利に働くよう財源を確保し、それを活かした政策を進めようとします。これが、悪性のインフレ（お金の価値が急速かつ大幅に低下し、モノの価値が高まり、経済が混乱すること）を招きます。

次のような例を考えてみましょう。

通勤で使う駅の改札の前に、スポーツジムやマンションの宣伝チラシの入ったポケットティッシュを配っている人がいます。ある日、この人が、ティッシュではなく、1万円札を配っていました。「わぁ、お札がもらえる。しかも1万円だ」と多くの人が、群がります。それを見た駅前の商店街の人は、1万円がばらまかれているから、商店街全体で値上げをしてやろうと考えるでしょう。1万円札がばらまかれるということはお金の供給量が増大することにほかなりません。お金の需要が一定であるときに、供給量が増えればお金の価値は下がります。さらに、財の供給主体（商店街の小売店など）が供給価格を引き上げます。この連鎖反応が続き、急速にインフレが進行します。悪性のインフレは財政の規律が弛緩することによってもたらされます。

こうした例は、世界の歴史のいたるところで確認されてきました。IMF（国際通貨基金）では、政府と中央銀行が財政ファイナンスを進め激しいインフレが起きた歴史の教訓をもとに、「金融と財政政策の透明性に関するグッドプラクティス（善良なる行い）の規範（Code of Good Practices on Transparency in Monetary and Financial Policies）」を公表しています。その中では、金融と財政の運営主体の関係は、明確に定義されなければならないとの規定があります。その上でIMFは中央銀行が政府に対して直接に信用供与を行う場合には、それが認められる条件、その範囲を明確に公表されなければならないとの規範を公表しています。

わが国の高橋財政の教訓

実は、わが国において、財政ファイナンスが行われたことがあります。その結果、政府は財政ファイナンスを止めることができず、社会の混乱を招きました。それを振り返ると、中央銀行が国債を引き受けることが先進国のみならず新興国でも認められていないことが実感できます。

1929年、米国を震源地とする世界恐慌が発生しました。世界恐慌の影響は日本にも波及します。特に、1930年から31年にかけて、わが国では景気後退とデフレが進みました。1931年12月、犬養毅が内閣総理大臣に就任すると、高橋是清が財相に任命されました。翌1932年からは1936年まで「高橋財政」と呼ばれる財政運営が進みました。これは、金融・財政政策を統合した経済運営です。

まず、高橋是清は金本位制度からの離脱を表明します。それにより、自国に適した水準にまで円の為替レートを減価させました。その上で、徐々に国内から海外への資金の流出を抑制するために資金の移動を規制します。

為替レートの安定を実現しつつ、高橋は積極的な財政の出動によって、需要の回復を目指しました。そのために重視されたのが、財政ファイナンスです。

1932年6月、政府は満州事変への対応や時局匡救事業（日本各地における公共事業）の予算案に合わせて、赤字国債発行に関する法律を議会に提出します。この時、高橋是清は、国債の日銀引き受けを正式に表明しました。1932年11月から日銀は政府の国債引き受けを開始し、積極的な財政政策が進みました。高橋財政のもとで日銀は引き受けた国債の市中売却を進め、日本経済は世界恐慌の影響を克服し、成長率は上向きます。日本銀行が公表している『日本銀行百年史』（1982～86年刊行）によれば、当時、高橋財政は「放漫税制」と批判されるほど、歳出の増加を重視しました。批判に対して高橋は、景気の回復とともに歳入が増え財政の均衡が実現すると、先行きの経済成長を当てにしていたことが記されています。1934年に入ると、高橋の姿勢は徐々に硬化し始めます。彼は、赤字公債が増えることは良いことではなく、この状況が続くと有害なインフレーションが起きかねないとの危機感を表明し始めます。

1935年に入ると、高橋は景気の回復と物価高騰への懸念を強めます。政府と日銀は国債の発行を制限すること、低金利政策は採用しないことを重視します。財政政策面では、景気回復に伴う税収増加を活かして国債発行を減額する方針が示されました。

特に、予算査定においては旧陸海軍の要求した金額が削減され、軍部の不満を募らせます。一方、高橋是清は財政の信用維持を最優先に掲げ、軍部と対立します。最終的に1936年2月26日の軍事クーデター（2・26事件）において高橋是清は暗殺されました。

日銀から見た高橋財政の問題点

こうして、高橋財政は悲惨な結末に至りました。その後、わが国では軍部が台頭し、太平洋戦争の開戦に向かっていくことはいうまでもありません。

高橋財政に関して『日本銀行百年史』は『セントラル・バンキングの機能を奪い去るプロセスの第一歩となったという意味において、誠に遺憾』との見解を示しています。その上で日銀はそれまでの歴史における最大の失敗であり、深刻な教訓を残したとの反省も示しています。2・26事件がなければ、わが国が財政ファイナンスから脱却し、財政を引き締めることができたか否かはわかりません。また、高橋是清が暗殺されなければ軍部の台頭を抑えることができたかも、わかりません。ただ、財政ファイナンスが軍事費の調達に使われたことは見逃せない事実です。

重要な教訓は、ひとたび政府と中央銀行が一つにまとまって財政ファイナンスを進め始めると、その政策からの出口戦略を策定し、実際に実行することはかなり難しいと考えられることです。その結果として、人々の生活だけでなく、生命までもが大いなる危険にさらされました。

MMTを提唱する人々がこうした歴史の教訓をどう考えているか、はっきりしません。政府が積極的に、財政悪化を気にすることなく国債を発行すれば、後世にその返済の負担が押し付けられてしまうことも軽視できません。このように考えると、積極的に債務を発行して景気を安定させることを論じる以前に、経済政策に関する議論においては、持続性と修正の可能性が重視されなければなりません。

4-3 為替レートへの影響

債務リスクと為替レートの関係

国債の発行が増加し続け、財政悪化への懸念が高まると、その国の債券を積極的に買おうとする人は少なくなります。よっぽど高い金利を払えば購入の意思を示す投資家はいるでしょうが、成長率を上回る金利を支払いつつ、債務の膨張を抑えることはできません。すでに発行された国債の償還（返済）のための借入に加え、利払いのための借入も必要になるからです。

特に、わたしたちが日々接している世界経済は、ヒト・モノ・カネの面で密接につながっています。2011年3月の東日本大震災の直後、茨城県ひたちなか市にあるルネサスエレクトロニクスの向上が被災しました。この工場では、世界の自動車生産に必要なコンピューターチップを生産していました。工場が被災し、チップの生産ラインが停止してしまった結果、世界の自動車生産に混乱と遅れが生じました。

また、米国の金利の変化は、為替レートを通して各国の経済を揺さぶります。2013年5月には、当時のFRB議長だったベン・バーナンキが早期の量的金融緩和策の終了の可能性に言及した結果、新興国市場から急速に投資資金が流出しました（バーナンキショック）。また、2018年9月以降、米国の金利が大幅に上昇した一方、新興国の通貨、株式、債券の市場は大幅に下落しました。これは、世界各国の経済が密接につながっていることの一例です。

なぜ米国の金利の動向が新興国のマーケットに大きく影響するかといえば、新興国の多くが海外からの資金流入に頼って経済を運営しているからです。新興国の経済の状況と、わが国の状況はかなり異なります。ただ、債務のリスクが高まることによって為替レートが大きく下落し始めると、輸入物価が急速に上昇し、物価が急騰します。ベネズエラの状況はまさにそうです。ベネズエラは海外からの資金流入に依存して財政を支えてきました。しかし、米国からの制裁によって債務の返済能力への懸念が急上昇しました。それが、通貨の暴落につながり、経済はマヒしています。IMFは2019年にベネズエラの物価上昇率が1000万％に達すると予測しています。

「新興国と日本の経済を同列に扱うな」という意見があることは承知しています。経済の発展度合いに違いがあるにせよ、政府が財政状態を気にすることなく国債を乱発すると、いずれ、経済が混乱することは確かです。

財政を拡張的に運営することで、一時的に景気の高揚感を醸し出すことはできるでしょう。

ただ、それがいつまでも続くとはいえません。債務の残高が膨張すると、財政の持続性への懸念が高まり始めます。その時に、政府が財政を引き締めようとしても、思うようにはいきません。結果的に債務のリスクが高まり、それが資金流出圧力を高め、さらに債務のリスクと経済の混乱に拍車がかかります。MMTはこの問題に十分にこたえていません。

無視できない経常収支の重要性

MMTが機能を発揮する条件には、大きく3点あります。①経常黒字（わが国が外国との経済取引（貿易、海外への投資、海外子会社からの配当金受け取りなどで）生じた収支がプラス）である、②自国通貨建ての国債の発行ができる、③インフレが起きていない、の3点です。②と③に関してはこれまでに触れてきました。

経常収支に関して、基本的な事項を確認しましょう。経常収支とは、①貿易収支（輸出から輸入を引いたもの）、②サービス収支（サービスについて輸出から輸入を引いたもの）、③所得収支（対外金融債権・債務からの利子や配当金などの受け取りバランス、海外子会社からの配当金受け取りや外国株式からの配当金など、第一次所得収支ともいう）、④経常移転収支（官民による無償の資金協力、寄付など対価を伴わない一方的な取引、第二次所得収支）の４つの要素からなります。

わが国の経常収支の推移を確認しておきましょう（図21）。

リーマンショックを境に、わが国の経常収支の内容は大きく変わりました。リーマンショックまでは、貿易収支と所得収支がプラスでした。しかし、リーマンショック後は貿易収支が伸び悩み始めます。特に2011年3月に発生した東日本大震災以降は原子力発電所の停止を受けて火力発電への依存度が高まり、液化天然ガスなどの輸入が拡大します。貿易収支はマイナスに落ち込みます。2018年原油や液化天然ガスなどの価格が上昇し、貿易収支は3年ぶりに赤字に落ち込みました。その一方でわが国の企業が積極的に海外進出を進めていることが、所得収支の黒字拡大を支えています。総合すると、貿易収支の赤字幅を所得収支の黒字が補い、わが国の経常収支は黒字です。

経常収支が黒字であるということは、国内から海外へのお金や財の循環が、海外から国内に向かう動きを上回っていることを意味します。今日のわが国は、海外にある資産を増やすことで、そこから得られる所得を増やしています。お金の貸し借りの関係でいえば、海外からお金を借りて自国の経済を支える必要性がな

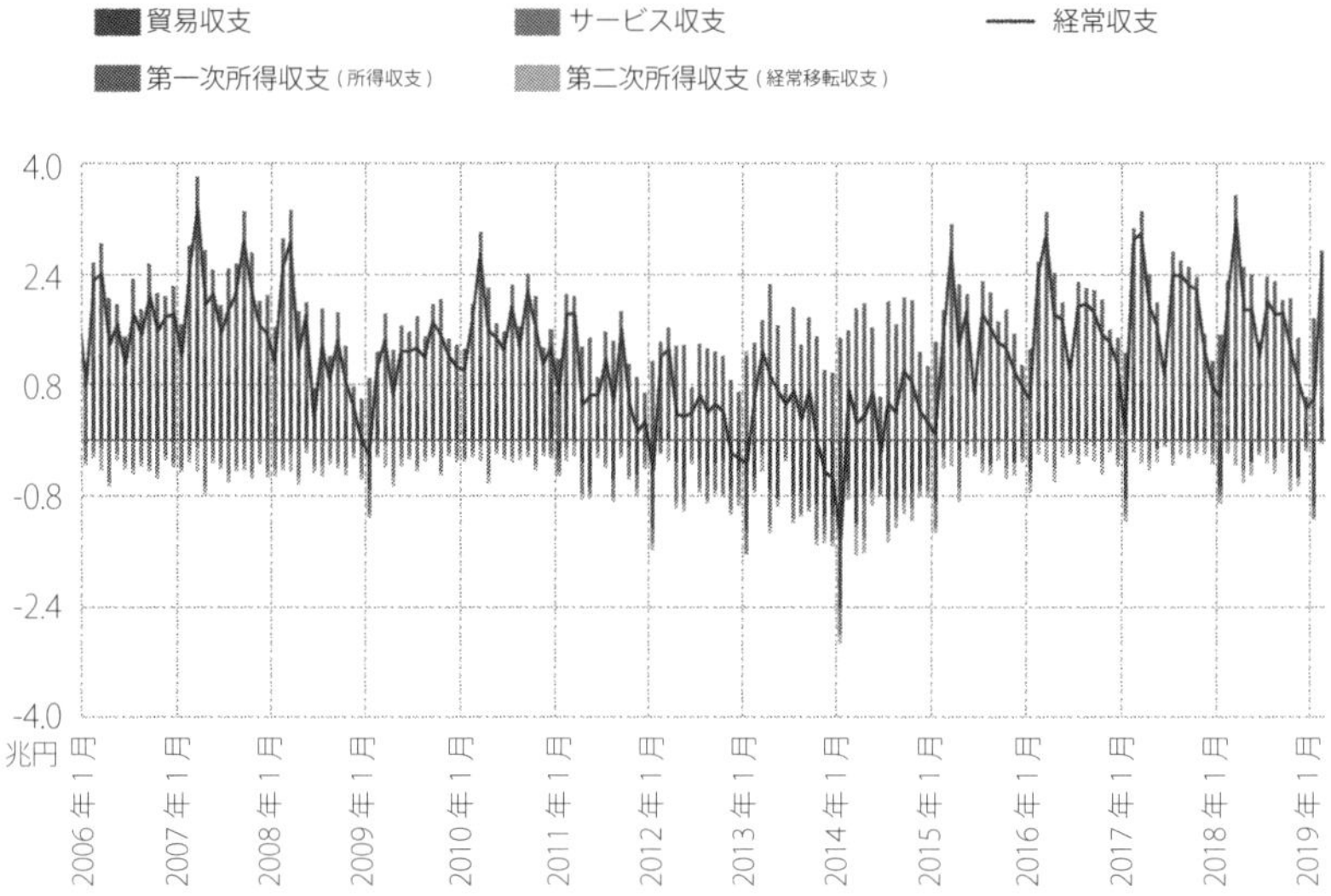

図21　わが国の経常収支の推移（出所：財務省）

いといえます。

自国内にあるお金で海外の資産を取得して配当や利息収入を得ることができていることは、経済の安定のために重要です。経常黒字であるため、わが国は常に海外からお金を借りる必要がありません。これは、自国通貨建てでの国債発行の能力を大きく左右する問題であり、ＭＭＴの条件として欠かせません。インフレが活性していないことや低金利に加えて経常収支が黒字であることが、ＭＭＴ主張者が「日本が理想の地」と考える理由です。

頭に入れておくべき新興国の教訓

一方、世界には、経常収支が赤字である国が多くあります。経常収支が赤字であるということは、海外からの資金流入に頼って経済を運営しているということです。経常赤字の国の状況を考えると、債務残高を適切に管理することの重要性がわかります（図22）。

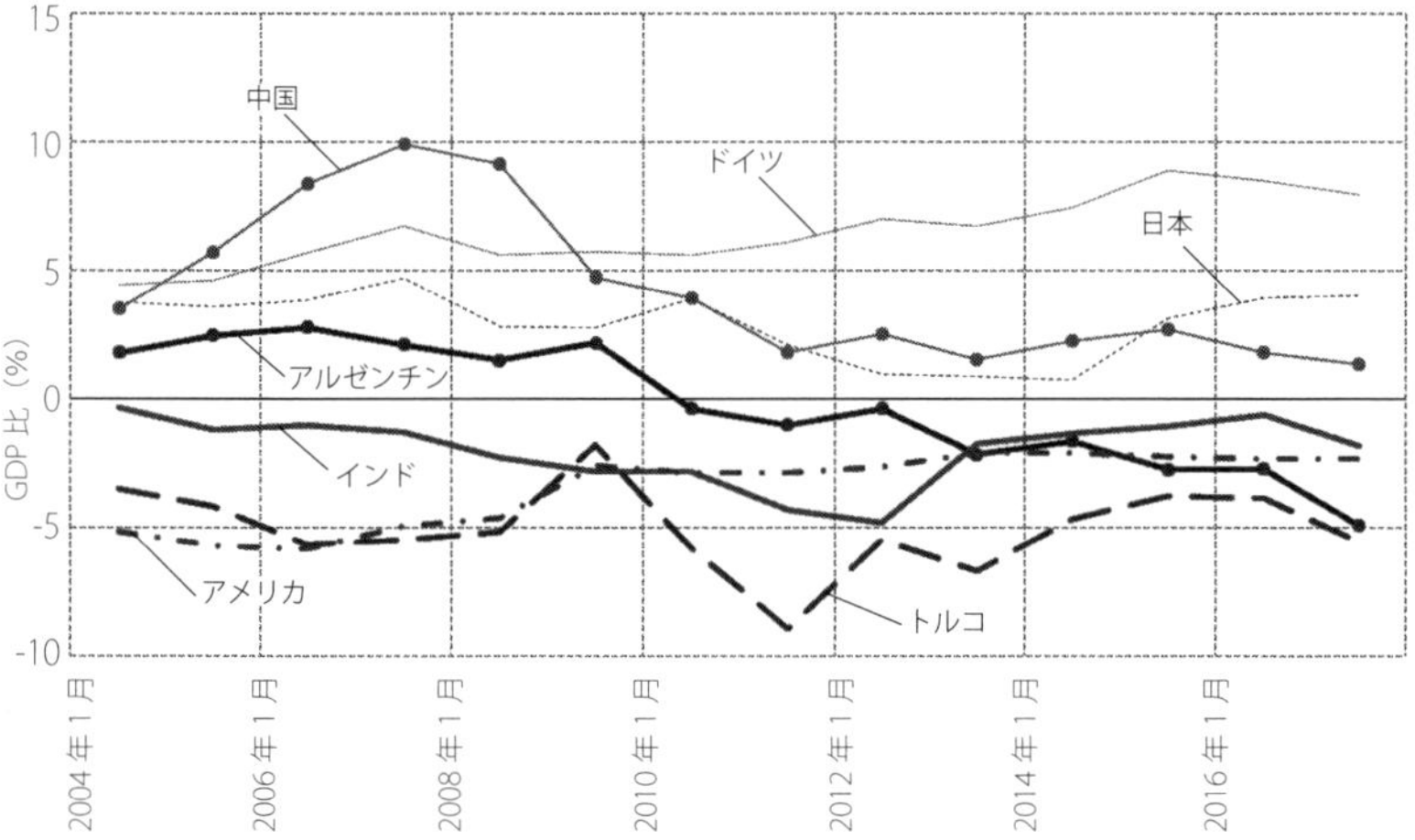

図22　各国の経常収支の推移（データ出所：IMF）

わたしたちの生活を考えてもそうですが、だれかに頼らなければ自分の生活を維持できないという状況は不安です。経済も同じです。グラフにある、新興国（アルゼンチン、中国、インド、トルコ）を見ると、多くの国の経常収支は赤字です。つまり、海外からの資金流入に頼って国内の経済を運営しています。年によって変動はありますが、南アフリカ、メキシコ、ブラジルなども経常収支が赤字です。

　こうした国の金融情勢は脆弱です。基本的に、世界のマネー・フロー＝お金の流れは、基軸通貨であるドルの先行き見通しに大きく左右されます。米国の金利が上がりづらく、ドルの上値が重いと考えられる状況であれば、投資資金は良い高い金利収入を求めて新興国に向かいます。しかし、ひとたび米国の金利が上昇し始めると、その逆回転が起きます。つまり、多くの投資家がリスクの高い新興国の通貨を売却し、リスクが安定しておりなおかつ金利上昇によってより多くの利息収入が見込める米

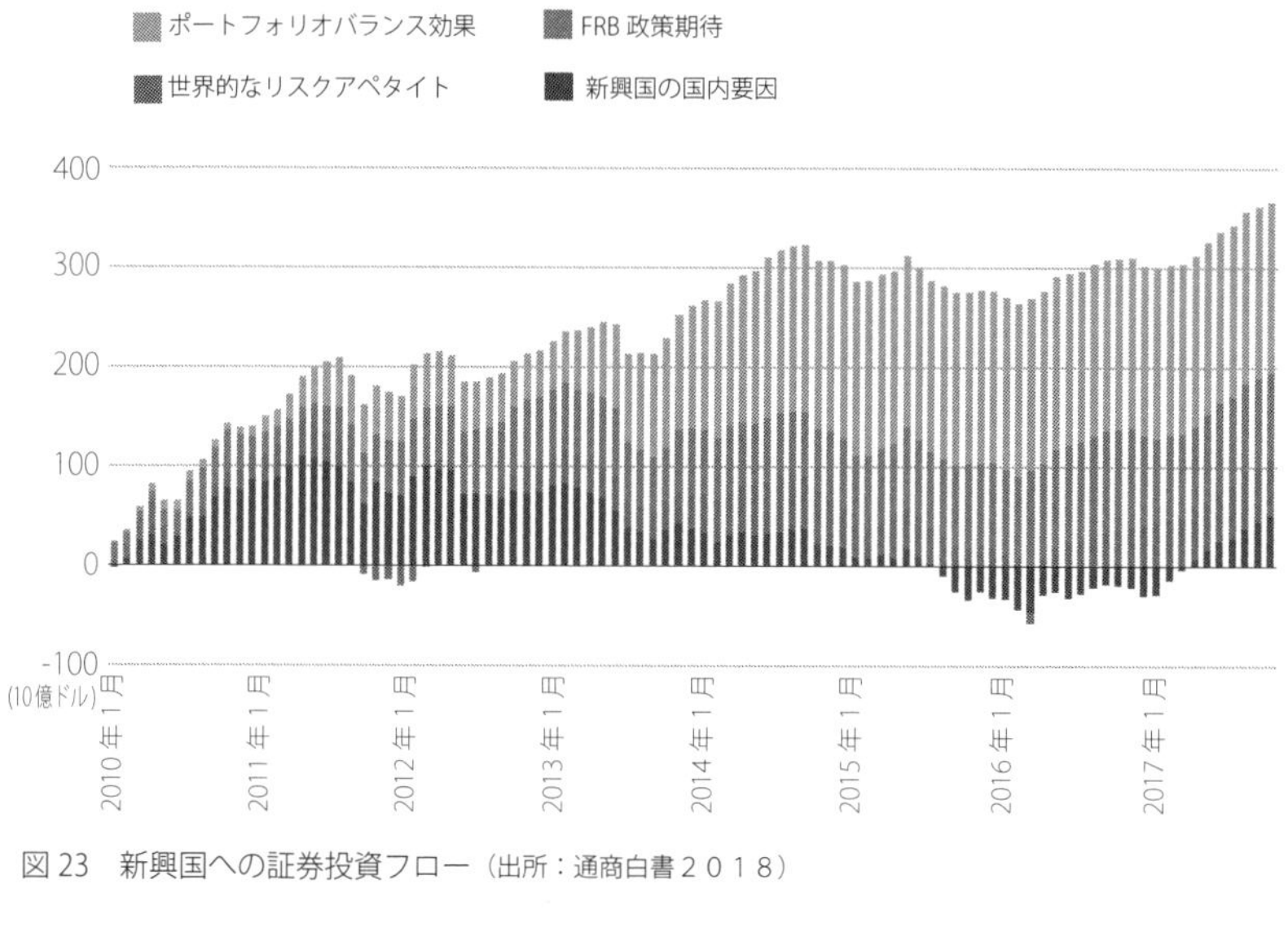

図23　新興国への証券投資フロー（出所：通商白書２０１８）

ドルを買います。基本的に、投資目的による資金のフローが新興国の経済状況に大きく影響します（図23）。

凡例の見方として、ポートフォリオバランス効果とは、米国の中央銀行であるＦＲＢが物価の安定などを目指すために、金融政策を変更することによって民間セクターの投資行動にどういった変化があるか（金利の低下を見込んで債券を売って株を買うなど）を示しています。ＦＲＢ政策期待とは、ＦＲＢが金融政策を引き締めるか、それとも緩和するかに関する市場参加者の予想がもたらす影響のことです。例えば、ＦＲＢが金利を引き上げると考えるのであれば、投資家は新興国に投資していた資金を回収し、ドルに還流させます。世界的なリスクアペタイトは投資家のリスク先行度が高い場合には新興国に資金が流入することを示しています。

グラフを見ると、冒頭に示した２０１３年５月のバーナンキショックの後、新興国からは株式や債券に投資されていたお金が引き上げられたことがわかります。その後、２０１５年には、中国経済への不安や米国の利上げへの警戒感から新興国から資金が流出しました。

国の債務の増加は、為替レートに影響します。経常収支が赤字である場合、海外からの資金流入は経済の安定に必須です。その中で債務の残高が増え続けると、どうしても海外の投資家はその国の債券や株を買うことに二の足を踏まざるを得なくなります。

わが国は経常収支が黒字であり、今すぐ新興国が経験してきたような状況に陥るわけではありません。ただし、国債の発行が増え続けると、いずれ投資家が国の信用力を疑い始めます。長い目で考えた時、債務残高が増え続けることで財政への懸念は高まり、それを反映して国内からお金が逃げ出し、インフレ懸念が高まる可能性は軽視できません。

4-4

"悪い金利上昇"の恐れ

"良い金利上昇"

MMTの主張者は、政府に経済運営に関するパーフェクトな知識と予知などの能力があると考えます。ステファニー・ケルトンのインタビュー記事を読むと、彼女はそう信じています。MMT主張者の考えに従えば、金利の動きすら政府が管理できるということになりそうです。

それは、あり得ません。政府が国債を発行し続け財政赤字が拡大する中、景気が減速・後退すると、政府の資金調達はかなり深刻な状況に直面します。まず、景気と金利の基本的な関係を確認し、債務の増大がどのような事態を発生させるかを確認しましょう。

基本的に、景気の循環に沿って金利は上昇と低下を繰り返します。

景気はボトム（景気が最も悪い状況）から回復し、山（景気のピーク）に向かいます。この時、景気の回復に沿って金利は上昇します。景気は山に達すると、減速、あるいは失速し、再び谷に向かいます。景気が減速すると金利は低下します。

これは当たり前です。景気が回復する（良くなる）ということはGDPの成長率が高まることです。成長率が高まる、イコール一国内で獲得される企業収益とお給料の合計額が増えることを意味します。これにより需要が高まり、より多くの資金が必要とされるようになります。

景気の回復に沿って金利が上昇することは自然です。これを「良い金利上昇」としましょう。２００９年６月に米国の景気はボトムをつけました。それ以降の金利の推移を見ると、ＧＤＰの成長率にほぼ連動していることがわかります。これは、良い金利上昇の一例です。自然な金利の動き方と呼んでも構いません（図24）。

２０１２年から２０１４年頃、２０１６年後半から２０１８年前半まで、米国のＧＤＰ成長率が上向き基調で推移する際、金利も上昇していることが確認できます。前者の期間では、米国内でのシェールガス開発のブームが高まり、米国の需要が喚起されました。それによって、金利は緩やかに上昇しています。

なお、この期間ＦＲＢは利上げを行っていません。これは、民間企業の活力が高まり、新しい発想を実現するためにヒトやモノが必要とされるに従って、資金の需要が高まり、お金のレンタル料である金利が上昇したのです。

２０１４年の年央以降、原油価格の下落によるシェールガス

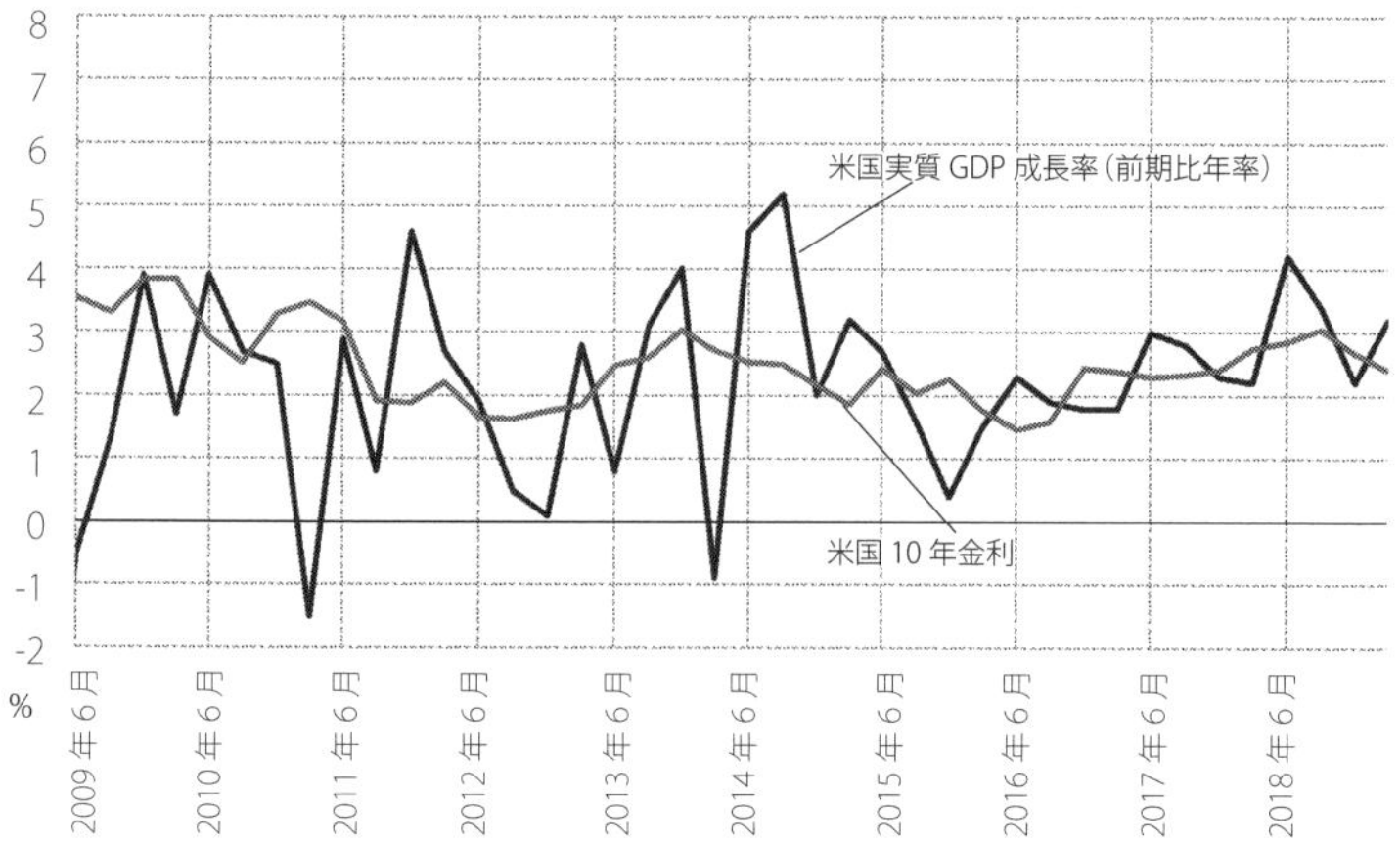

図 24　米国のＧＤＰ成長率と長期金利の推移（データ出所：BEA、FRB）

開発のブームの後退や新興国経済の軟化から、米国経済の成長率は低下しました。それに歩調を合わせるように、米国の長期金利も低下しています。

２０１５年12月、リーマンショック後初めての利上げが行われた後、米国経済の成長率は再度上向きました。この成長はＧＡＦＡ（グーグル、アップル、フェイスブック、アマゾン）に代表されるＩＴ先端企業の急成長に負うところが大きいです。ＦＲＢが景気回復に合わせて慎重かつ段階的な利上げを進めたこともあり、金利は景気に沿って上昇しました。一方、ＧＤＰ成長率が低下する局面では、米国の金利は低下しています。

このように考えると、２０１８年頃までの米金利の推移は、おおむね景気の動きに沿っています。これは、本来あるべき金利の動き方です。

長期停滞への懸念を反映する国内長期金利の動き

米国の経済成長率と長期金利の関係を念頭に置きつつ、わが国のケースを見てみましょう（次頁図25）。わが国のＧＤＰ成長率と長期金利の推移を確認すると、ＧＤＰ成長率は上下にかなりの振れを伴いつつも、基調として右肩下がりです。金利も低下トレンドをたどっています。経済の成長率が低下に向かう中で、金利が低下するのは自然なことといえます。

これを見る限り、わが国の金利に財政悪化への懸念が反映されているとはいえません。その背景には、わが国の国債の90％超が国内で消化されているという事情があります。過去から現在まで、わが国の国債市場は、政府と日銀および大手金融機関がドミナントな影響を与え、海外の意向が反映されづらくなってきました。近年では残存期間の短い国債を外国人投資家が売買することも増えていますが、現状、そうした動きが長期の金利を振り回すに状況にはありません。

この状況をＭＭＴ主張者は日本がＭＭＴを実証してきたといいます。しかし、それは違います。

金利の低下は、わが国の需要が低迷し続け、長期停滞に向かっている不安心理の表れです。バブルの崩壊後、わが国は失われた20年、あるいは30年といわれる低迷に陥りました。その経験が、わが国の国民の心理に根深く刻まれています。そのため、現役世代もシニア世代も、「今後も、これまでのような経済の停滞が続く」という考えを抱えてしまっています。

これは、日銀が総括的検証で指摘した「適合的」な期待形成の良い例です。つまり、物価が持続的に下落する経済環境に慣れ親しんだ人々にとって、その状況が続くと考えるのが最も自然、あるいは当たり前、ということです。「これまでは政府や

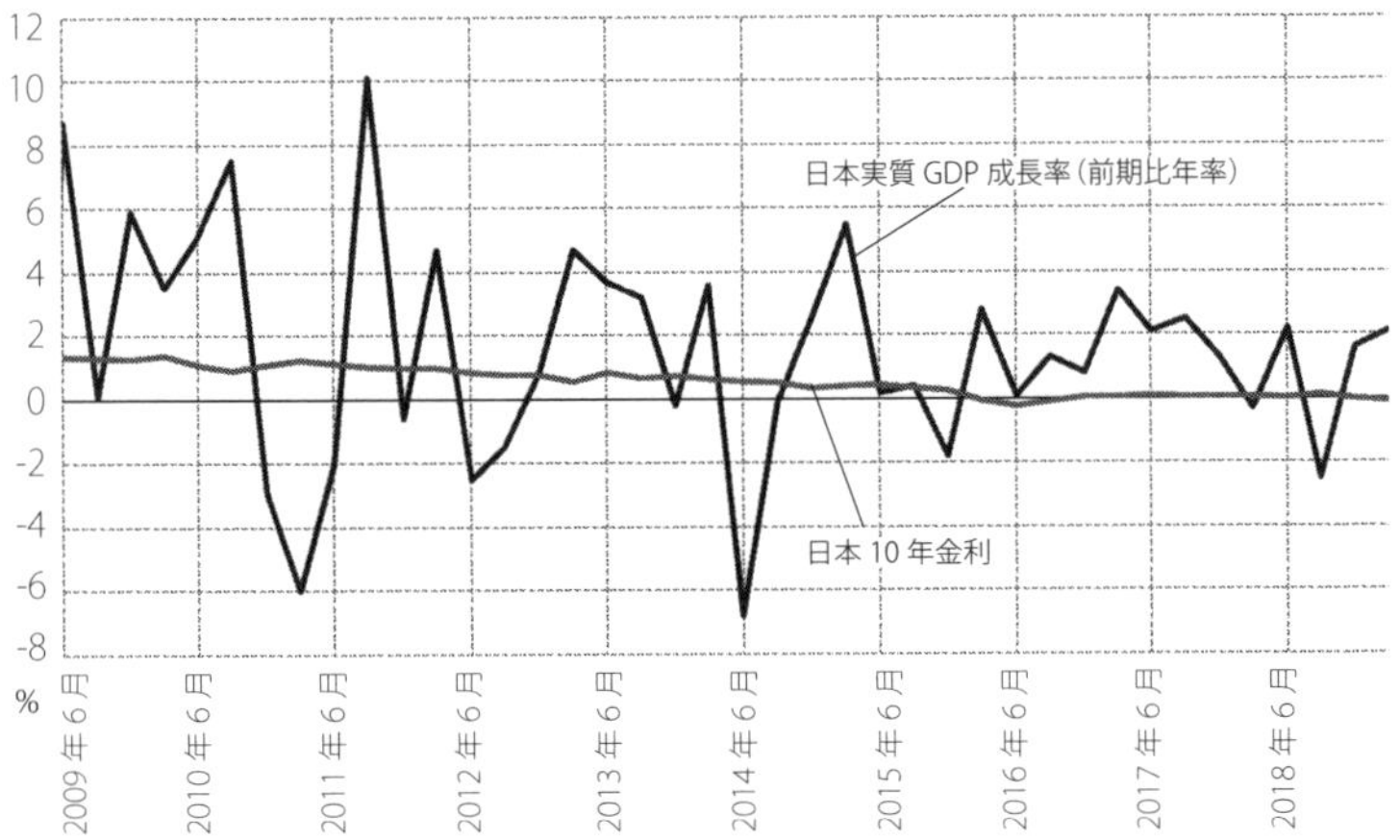

図 25　わが国のＧＤＰ成長率と長期金利の推移（データ出所：内閣府、財務省）

日銀が何をやっても物価が上がらなかった、だから今後もその状況が続く」と、人々が歴史や経験に基づいて、将来を予測することが適合的な期待形成です。これに対して日銀は、中央銀行がはっきりと、強いスタンスで物価目標の達成にコミットすれば、人々は中央銀行のメッセージを信じるはずだと考えましたが、そうはなりませんでした。

高齢化と消費化、人口の減少が進む中で人々が先行きに不安を抱いています。一方、わが国の政治状態は安定しており、今すぐに国家の運営が不安定化するとはいいづらいと思います。その結果、資金の余剰主体である個人はリスクをとるよりも安定した資産の運用を心掛け、国債への需要がサポートされています。

この中で、さらに積極的に財政支出を増やせば、将来の世代には、国の債務返済の負担がより大きくのしかかります。結果的に、将来への不安心理は一段と高まり、経済の長期停滞懸念は増すでしょう。

最終的には、膨張する公的債務を支払えないという懸念が、どこかのタイミングで高まるでしょう。そうなると、財政のリスクを反映して金利は上昇する可能性があります。

"悪い金利上昇"

金利は、景気の循環と相反する動き方をすることもあります。特に、景気が減速している中で、金利が財政などのリスクの高まりによって押し上げられてしまうことがあります。これは、「悪い金利上昇」です。

悪いというからには、確固たる理由があります。景気が減速した際、金利が上昇してしまうと、さらに景気が減速し、後退（ＧＤＰ成長率が２四半期続けてマイナスに陥ること）してしまいます。さらには、長期の停滞に陥ってしまうかもしれません。これは、人々の生活を圧迫します。

景気が減速した場合、本来であれば金利は低下します。ＧＤＰ成長率が低下するということは、経済全体で見た資金の需要が低下することにほかならないからです。企業や家計は景気の悪化を懸念し、消費や投資を減らします。それが金利を低下させます。民間の自律的な営みによって金利が低下しても景気が持ち直さない場合、中央銀行が利下げを行うことで資金の調達コストを引き下げます。それが、人々の支出意欲を刺激します。

悪い金利上昇が発生すると、こうした本来あるべき経済運営が行えなくなってしまいます。イタリアのＧＤＰ成長率と長期金利の動き方はその顕著な例です（図26）。

イタリアの経済成長率と長期金利の推移を見れば、悪い金利が何か、一目瞭然です。２０１１年頃から、イタリア経済の成長率は低下しました。２０１１年後半にはＧＤＰ成長率がマイナスに陥り、２０１３年第１四半期までその状況が続きました。一方、

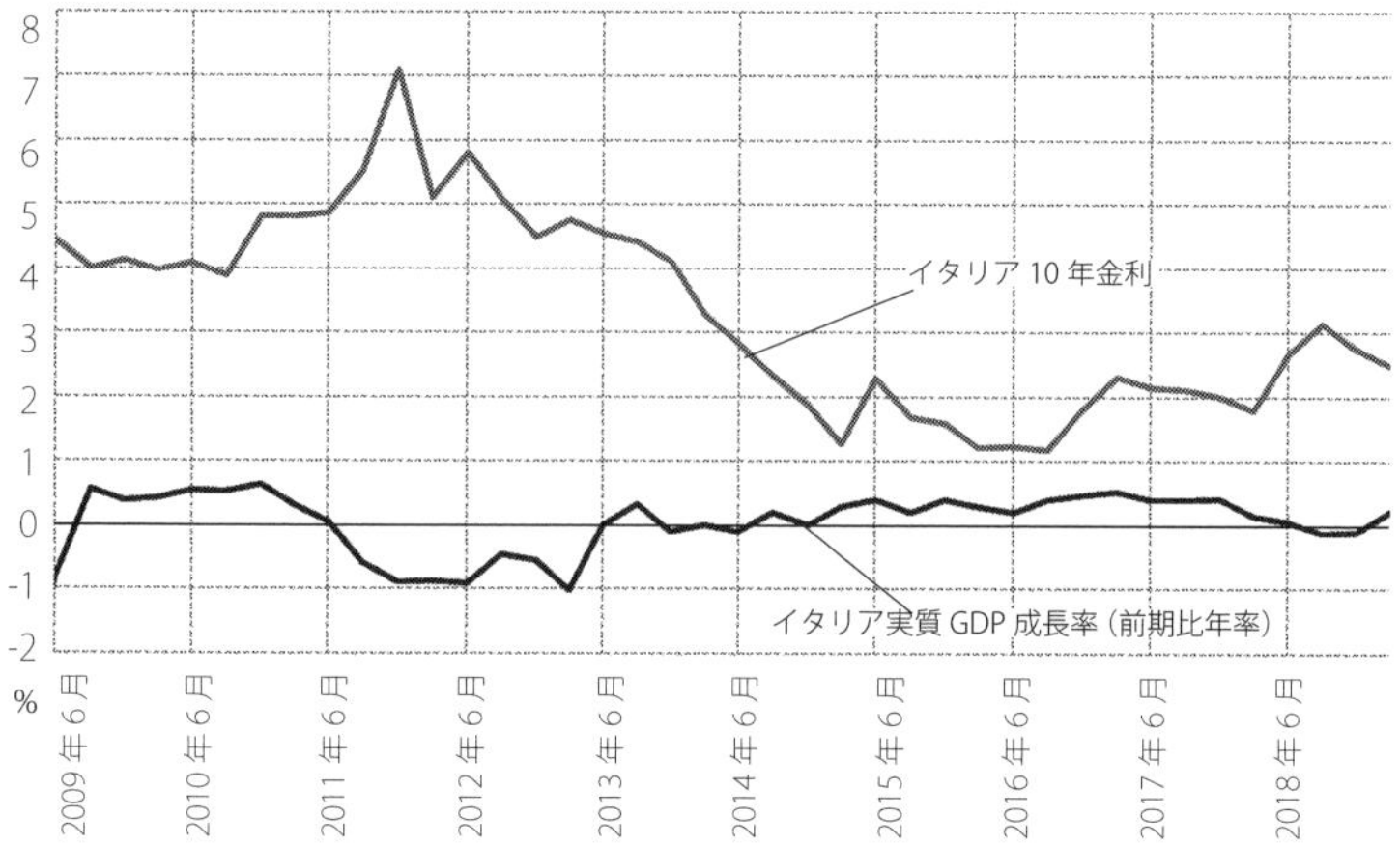

図 26　イタリアのＧＤＰ成長率と長期金利の推移（データ出所：イタリア国家統計局（ISTAT）、ECB）

長期金利は急上昇し、２０１１年１１月末には７・２％超まで金利が上昇してしまいました。

これは、ギリシャの財政危機に端を発するユーロ圏南欧諸国における国家の債務返済能力への不安から、もともと財政赤字と政府債務残高が大きかったイタリア財政への懸念が高まったことに影響されました。２００９年から２０１２年前半にかけてのユーロ圏での財政不安を、欧州ソブリン危機といいます。

イタリアは自国の経済状況に合わせて金融政策を運営することができません。一方、財政政策は自国の都合に合わせて調整できます。もともとイタリアでは工業地帯が北部に集積し、国内の南北格差が問題となってきました。加えて、皮革加工などを本業とする小規模の企業が多く、世界全体でのＩＴ化という変化に遅れを取ってしまった部分もあります。本来であればイタリアは構造改革を進めて産業基盤を整備し、より多くの付加価値が生み出せる経済基盤を目指す必要がありました。

しかし、リーマンショック前後で経済運営を行ったベルルスコーニ政権は、減税によって民衆の支持を汲み取りつつ、現状維持の政治を続けました。その結果、ユーロ発足以降、イタリアの一人当たりＧＤＰはほとんど増えていません。

経済の長期停滞を打破することができないと、経済はどうしても財政に頼らざるを得なくなります。その中で減税や国債の発行増加が続き、ひとたび景気が大きく落ち込むと、海外の投資家などが国債を売却して悪い金利上昇が起きます。その結果、政府の資金調達が行き詰まります。

ＭＭＴに従えば、イタリアの悪い金利上昇は、単一通貨ユーロへの加盟がなければ防げたと解釈されるはずです。それは違うと思います。ＥＣＢというイタリア政府から切り離された中央銀行があるからこそ、イタリア政府は以前に比べて規律ある財政運営を志向したはずです。それでも、悪い金利上昇を避けることは難しかった。

イタリアが自国通貨建ての公債を発行し、金融政策をコントロールする権能を持っていたなら、事態は一段と深刻化していたかもしれません。このように考えると、ＭＭＴの主張は、より慎重に検証しなければなりません。

4-5 ハイパー・インフレーションへの懸念

恐ろしいインフレとは

財政出動があまりに積極的に進んでしまうと、どこかでインフレ率が高まり、社会が不安定化する恐れがあります。ＭＭＴは、政府が税率の操作や法律を通してインフレをコントロールすればよいと説いていますが、歴史はそれが困難であることを物語っています。

米国の経済学者、ポール・サムエルソンがノードハウスとともに著した『経済学』には、イギリスの代表的な経済学者ケインズによるインフレに関する記述が掲載されています。それは、『レーニンは、資本主義制度を破綻に導く最善の方法はその通貨を堕落させることだ、と宣言したと伝えられる。インフレーションの持続的な過程を通じて、政府は市民たちの富の重要な部分を、ひそかにそして気づかれぬままに、押収することができるのだ』というものです。サムエルソンは、インフレについて教科書の中でわかりやすく説明しています。

インフレーションとは、物価持続的に上昇する経済の現象をいいます。瞬間的に物価が5％上昇したとすると、それまで100円で変えていたコンビニのおにぎりは105円になってしまいます。まさに、モノの価格が上昇し、お金の価値が低下してしまいます。

インフレは3つの種類に分類することができます。

まず、普通のインフレです。これは物価が安定している、あるいは、緩やかに上昇する状況を指します。わが国では物価の上昇圧力が弱く、緩やかに物価が上昇することが経済にどのようなインパクトを与えるか、想像することすら容易ではありません。インフレが落ち着いている状況とは、お金の価値に大きな不安がないこと考えて差し支えありません。例えば、わが国において、定期預金をすることに大きな不安を抱いている人はほとんどいないと思います。1年の定期預金をすると考えた場合、1年後のお金の価値が半分になってしまうのであれば、だれも定期貯金は行いません。

次に、駆け足のインフレがあります。物価の上昇率が年間20％を上回る、さらには3ケタ台の物価上昇率に達する状況を駆け足のインフレと呼びます。1970年代から80年代のブラジルやアルゼンチンをはじめとするラテンアメリカ諸国はこの状況にありました。高いGDP成長率を遂げることによって、需要が供給を上回り、インフレ率が大きく上昇することもあります。駆け足のインフレが発生すると、人々はお金の価値に不安を強め、必要最低限のお金しか持とうとしません。貨幣価値の下落に加えて資金の融通が停滞することで、金融システムも不安定になります。

駆け足のインフレ状態の中でさらに物価が上昇すると、ハイパー・インフレが発生します。年率1000％を上回るペースで物価が上昇し始めると、それはハイパー・インフレが発生していると考えられます。ハイパー・インフレは経済に深刻なダメージを与えます。1922年から1923年にかけて、ドイツでは物価指数が暴騰してしまいました。その分、お金の価値は急激に下落してしまいます。ハイパー・インフレが発生すると対応は困難を極めます。ハイパー・インフレに見舞われたドイツでは、旧紙幣と新しい通貨であるレンテンマルクの交換比率が1兆紙幣マルク＝1レンテンマルクに定められました。つまり、従来の人々の価値の基準が覆されてしまいます。

インフレは借金の負担を軽減する

インフレが進むと、お金を借りている人にとっては思わぬ影響が生じます。例えば2000万円の資金を借りて、家を建てたとしましょう。毎月の返済額は10万円です。この時、あなたのお給料は50万円でした。突然、物価が2倍（200％）に上昇してしまいました。先のインフレのタイプ分けに従うと、駆け足のインフレが生じたということになります。

企業は従業員の生活に配慮してインフレ率に合わせて賃金を引き上げるとします。この場合、賃金は2倍になります。一方、生活に必要なモノを入手する際、買える数は変わりません。物価が2倍になり、それに合わせて給料も2倍になっていますから、手に入れられるものの量はこれまでと同じです。

一方、債務の負担は従来と大きく異なります。債務の負担は、その額面に記された通りですから、毎月返済しなければならない額は10万円です。物価が変わっても、借金の返済額は変わりません。一方、給料は倍の100万円になっています。つまり、駆け足のインフレが進む前に比べて、借金返済の負担は小さくなっています。

これは非常に重要なインフレの影響です。理論的に考えた場合、アベノミクスには、インフレを喚起することで国の債務返済の負担を軽減する狙いがあります。

インフレと反対に、デフレと債務の返済を考えてみると、一目瞭然です。ここでも、物価の水準に従って企業が給与を変更させるとしましょう。物価が10％下落しました。給料も10％下落します。物価と給料の下落率はイコールですから、皆さんが買えるモノの量は変わりません。

一方、債務の額面は変わりません。住宅購入のローンは2000万円で変わりません。月々の返済額も10万円で変わりません、くどいようですが、給料は物価の下落に沿って減少してしまっています。給料に対する債務返済の割合は高まってしまいます。これがデフレ経済では債務の返済負担が増してしまうといわれる原因です。

インフレで借金の負担が軽くなるといわれると、「そんな理論があるなら、もっとはやく実施しよう」と思ってしまうでしょう。ここで一歩立ち止まって考える必要があります。理論上、インフレが急速に進み始めた時に、政府や中央銀行が政策を駆使して望ましい物価安定の水準を目指すことは可能です。

問題は、急速な金融の引き締めや財政の引き締めが、国内経済を想定外に冷え込ませる恐れは払しょくできないことです。もし、引き締めが強すぎ、景気が急速に落ち込み、停滞してしまうと、一転してデフレリスクが高まります。その結果、個人や企業、政府の債務返済負担が高まり、さらに景気が悪化するというデフレスパイラルにつながりかねません。

経済政策の目的は、景気のブレを抑えること

今日の経済政策の目的の本質は、景気の振れ幅を抑えることです。

これは、成長を抑えるのではありません。経済の実力に見合った金利の水準を実現することで、持続的な経済と金融環境を目指すということです。反対に、金利が常に大きく振れてしまうと、安心して取引ができなくなってしまいます。中央銀行の独立性が重視され、物価の安定が目指されている背景には、景気の振れ幅をできるだけ小さくしようとする考えがあります。

インフレが進むと、企業は価格の改定を頻繁に行うようになります。例えば、100円だったおにぎりがある日突然105円になり、さらに翌週には130円、半年後には150円になったとします。

もともと100円だったおにぎりの本当の価値はどれだけなのか、わたしたちは判断ができなくなってしまいます。

同様に、インフレ率が上下に大きく動いてしまうと、市場原理を通した効率的な資源の配分が進まなくなり

ます。日々目にする、金利（名目金利）が常時上下に大きく動くため、どの程度の金利水準が一国内の平均的な企業や家計の実力に沿っているか、わからなくなってしまいます。

名目金利からインフレ率を引いた利回りを実質金利と呼びます（実質金利＝名目金利－期待インフレ率）。実質とは、物価変動の影響を受けないということです。日々わたしたちが目にする金利には、経済の状況に見合った金利の水準に、「この程度物価が上昇するだろう」という人々の期待が上乗せされているということです。物価が大きく上昇すれば、わたしたちは「あっ！インフレが進む」と思ってしまいます。その逆もまた真なりです。この不安定な状況が続くと、名目金利が上に下に大きく動いてしまい、お金を借りたり貸したりする際に、との程度の名目金利水準が適切か、わからなくなってしまいます。それは、おにぎりの価格の例と全く同じです。

つまり、物価の安定を目指すということは、インフレを落ち着かせ、経済の実力に見合った金利の水準を実現しようとすることです。経済の実態に合った金利が形成されれば、お金を融通しやすくなります。それが、円滑な財（モノ）の取引を実現し、持続的な経済の成長につながります。インフレが進行すると、価格が持つ情報（おにぎりの値段は１００円が妥当）が失われてしまいます。その結果、人々は経済に疑心暗鬼になり、経済が混乱します。

4-6 借金が増えすぎると国が最終的につぶれてしまう

重すぎる借金の負担

借金が増え続けると、いずれ国はその負担に耐えられなくなります。

この問題を考えるに当たり、公債の負担の問題から確認します。わが国においては、子の代、孫の代、さらにその先まで現在の公債の負担が回されてしまう懸念が高まっています。

財政に関する説明を行った際、財政がパブリック（社会全体で共有する）金融を意味するとお話ししました。財政に関しては、国民全体で共有するだけでなく、将来の世代にも責任を持って運営しなければなりません。

財政赤字を抱えたまま新しい政策のための財源が必要となった際、増税によって資金を確保することは容易ではありません。どうしても国債の発行による財源確保が重視されます。それが続くと、償還のために必要なお金を確保するために、また新しい債券（借換債）を発行する必要が出てきます。この問題は、財政が赤字である限り続きます。

最終的に増税を行わない限り、公債発行による財源確保を断ち切ることはできません。この結果、現時点で推進される政策に直接関与できない将来の世代に負担が回ります。

公債負担の将来世代への転嫁の問題は、経済学の専門家の間でも活発に議論が行われてきました。米国の経済学者フランコ・モディリアーニは、公債を発行すると、人々は貯蓄を取り崩して、それを原資にして国債を保有すると考えます。モディリアーニは、民間の貯蓄取崩しは、工場や工作機械の導入など資本を装備するための原資が減ることにほかならず、生産能力の低下という点で将来世代に負担を転嫁することになると指摘しました。これは、貯蓄の減少が投資の減少につながり、長期的な産出力を低下させるという見方です。特に、財政赤字の埋め合わせのために発行される赤字国債の場合、将来の世代には返済の負担のみが残ります。現時点での減税は、その時代を生きる人々にとっては喜ばしいことですが、将来的には追加の増税負担を生じさせます。

一方、公債の発行は、将来世代への負担転嫁を伴わないという主張もあります。米国の経済学者であるロバート・バローは、わたしたちが持つ利他の考えに注目しました。バローは、親が子の生活を思いやることを基にして、公債を発行するときの世代が、その子や孫の満足度にも関心を持つことを重視し、公債が増えたとしても、人々は自らが生きている間に公債の償還があるかのように行動をすると考えれば、公債の発行も、増税も、違いはないと主張しています。

将来世代への公債負担の転嫁は軽視できない

ただ、バローの主張には説得力がありません。親が本当に子や孫に遺産を遺すことができるかといった問題を考えると、将来世代に公債の負担が転嫁されないと考えるのは現実的ではありません。特に、高齢化が進むと、シニア世代は自らの満足度を高めるために、より多くの政府支出を求めがちです。利他の心が公債負担を中立化させるとはいえません。むしろ、高齢化に伴い人々が将来への不安を強め、利己的な判断は増えやすいでしょう。この結果、公債が増加し、将来の世代に負担がより大きく転嫁される可能性が高まっています。

特に気がかりなのは、わたしたちが現時点での満足を重視してしまうことです。その分、政府は、長期の視点で経済の発展を考え、必要な取り組みを進めることが難しくなります。わが国は1997年度まで、公共事業に頼って雇用の保護と需要の喚起を目指しました。しかし、インフラ整備が一巡したわが国にとって、1990年代に大規模な公共事業を行う必要性は低かったのです。わが国の対応は、長期にわたって利用される可能性が低い、あるいは必要とされないインフラやハコモノがどんどん作られ、一時的な需要喚起に終始してしまいました。

中国経済も、よく似た状況に直面しています。リーマンショックまで、中国は輸出によって成長率を高めてきました。リーマンショック後、世界経済の大幅な落ち込みを受けて、輸出主導による高成長の維持が行き詰まりました。

2008年11月、中国政府は、投資による成長率の引き上げと維持を目指し、4兆元（当時の邦貨換算額で約57兆円）の景気対策を打ち出しました。中国は投資をてこに経済成長率を維持しようと、従来の輸出重視の方針を転換したのです。

投資を続けると、収益を生み出すことのできる投資案件はなくなってしまいます。この結果、2018年、中国の実質GDP成長率は6・6％と前年から0・2ポイント低下し、28年ぶりの低水準を記録しました。

この事実は重要な問題を提起しています。MMTは自国通貨建て国債を発行できる国は、財政のことを気にせず景気の安定に取り組めばよいと説きます。しかし、国債を発行して公共事業などを進めることが、長い目で見た場合に、人々の満足度を高め、その結果としての成長につながるとはいえません。むしろ、積極的な財政拡張がインフレの萌芽を膨らまし、消費者心理を抑圧するリスクに気を付けなければなりません。

かつて外国債を発行した国の教訓

なお、公債には自国の通貨建ての国債（内国債）と外国債（外貨で発行される国債）の2種類があります。内国債は、自国の国民から借金をします。外国債では、外国から借金をします。2018年度末の時点でわが国の普通国債はすべて内国債です。なお、わが国の内国債は外国の投資家でも自由に取引可能です。

しかし、一部の国では、自国通貨の信用力の低さや、市場における自国通貨建て国債の流動性の低さ（取引するのにコストがかかる問題）、資本規制への配慮などから、外国債を発行している国があります。

国債のデフォルトの歴史を振り返ると、外国債の発行がデフォルトの引き金になりました。アルゼンチンはその代表です。すでにアルゼンチンは8回ものデフォルトを起こしましたが、その原因はドル建てや円建てなど、外国債の支払いが約束通りに進められなかったからです。

なぜアルゼンチンがドル建ての国債を発行しているかといえば、自国通貨の信認が低いからです。国内でインフラ開発などを行い、海外企業の参画を取り付けたとしても、その企業がペソを受け取ってくれるとは限りません。ペソよりも取引が容易であり、相対的に価値が安定している通貨で収益を計上したいと考えるのは当然です。アルゼンチン政府と債権者はいまだにデフォルト後の支払いの内容に関して対立し続けています。アルゼンチンはＩＭＦにも支援を申請しており、さらなるデフォルトの懸念が高まることは避けられないでしょう。

自国通貨で国債を発行できるということは、大切に考えなければなりません。

わが国が今すぐに外国債を発行しなければならない状況にはありません。ただ、国内の家計などの資金余剰は、高齢化の進展と人口の減少に伴い減少していくでしょう。そう考えると、将来世代への公債負担の転嫁の問題がある中で、いかにして国債の発行を続けるのか、それとも、公債残高を圧縮していくのか、大きな方針を固めることが重要です。

内国債であれば、いつまでも発行を続けることができるといいたいのではありません。政府は、必要な資金を国内で調達できるよう、内国債を発行する力を磨かねばならないのです。それが、規律ある財政運営を進め、財政の健全化に取り組むということです。

理論上、政府が国民からの信用を取り付け続けることができる間は、相応のコストを支払いつつ、内国債を発行して財源を確保することは可能です。それが行き詰まると、内国債の償還ができなくなる恐れが高まります。国家の運営が行き詰まってしまえば、国民の生活には多大な損害が生じます。最終的に財政の行き詰まりの状況を打開するには、政府が徴税権を強力に行使し、国民から税金を巻き上げざるを得なくなります。

このように考えると、政府の債務残高が増え続けることは問題です。ＭＭＴは、わが国において日銀が低金利の維持にコミットしつつ、政府が円建て国債をさらに積極的に発行することで景気の回復を目指すことができると主張します。財政の出動が経済の回復に重要であることに異論はありません。

ただ、財政の規律を欠いてしまうことは問題です。借り換えのための国債の発行が続けば、どこかで国の返済能力への懸念は高まります。問題は、それがいつ起きるかがわからないことです。まさに、リスクです。

いったん政府の返済能力に不安が高まれば、物価の上昇圧力が高まり、経済は混乱します。それに加え、高齢者や失業者などに所得を再分配する財政の機能も失われてしまいます。公債が増え続けると、いずれ国がその負担に耐えられなくなってしまいます。

5

わたしたちの生活への影響

飯山～っ つまり MMTって どうなのよ？ 結局…
ズイッ
う～ん…
すぐに政策に反映される可能性は低そうだね
賛否両論ある以上 劇薬になりうる政策は取れないってことか…
なんか勿体ないなぁ…
でも面白い論理ではあるから
これからも議論されていくだろうね
え～っ ガッカリだぜ…
ズ～ン
そんな結論だと消費税20%の地獄が来ちまうんだろ～
消費税 UP 20%
破綻
この分だと消費税20%か財政破たんの究極の二択を迫られる日も近いかもな…
落ち着け落ち着け

いずれにせよ…
財政問題は自分ごととして考えていかないと、って話だな…
今まで無関心すぎたなぁ…
そうそう
財政や経済の問題も政治家任せにしてはいけないってことだね！
第5章は今までの理論を前提にしたまとめ部分だ
MMTまとめ
第5章
しっかり読み込んで自分の意見を持つことが大切だな！

5-1

一時的な効果は考えられる

MMTは一時的に景気を押し上げる

MMTには一時的に景気を勢いづかせる効果が期待できます。実際にMMTに基づいた経済政策が実行された場合、どのような影響があるかをイメージしてみましょう。

まず、財政出動が増えれば、その分GDP（国内総生産）の成長率は高まります。経済の成長を考える際、次のGDPに関する計算式を知っているととても便利です。

Y=C+I+G+（Ex-Im）

YはGDP、Cは個人消費、Iは投資（設備投資など）、Gは政府の支出、Ex-Imは純輸出（輸出から輸入を引く）です。個人消費と投資、純輸出が変わらないと仮定すると、Gが増えれば、それだけGDPの値は大きくなります。つまり、経済は成長します。

MMTは政府が財政の規律にとらわれる必要はなく、政府の支出を増やすことで成長を実現しようとする考えです。MMTの考えを重視した財政出動は相当の景気押し上げにはつながるでしょう政府が公共工事を発注したとしましょう。例として、橋の建て替え工事を行うとします。橋の交換には鉄筋、コンクリートなどの材料が必要です。それを工場から建設現場に運ぶための輸送手段も確保しなければなりません。工事のためには、人手が必要です。政府の支出によってヒトやモノが必要とされるということこそが、需要を生み出すということです。需要が生み出されると雇用が増えます。

公共工事の現場で職を得た人は、給料を受け取り、それを別の消費に回します。この消費は別の企業（小売店舗など）の収益となります。このようにして、政府の支出は波及需要を生み出し、経済全体の成長につながります。

MMTは政府が財政の悪化をそれほど気にする必要はなく、自国通貨建て国債はデフォルトしないため、政府は積極的に財政を出動して景気回復を実現すべきと主張します。財政を積極的に出動する分、景気は従来以上の勢いで回復するでしょう。

問題は、長い目で見た時に、この財政政策が経済全体に何をもたらすかです。すでにわが国でも米国でも、社会インフラのメンテナンスや更新は重要です。しかし、それを行ったからといって、波及需要が生み出されるわけではないでしょう。

むしろ重要なことは、政府が予算を活用して、人々の動線を描き、新しい生活の場などを提供することです。たとえば、わが国の地方に住みたいと思う外国人に住居や起業を支援することはその一つです。また、政府が低所得者層により良い教育プログラムを提供することは、経済格差の是正と学習を通した向上心の発揮に重要でしょう。そうした取り組みが、新しい発想の実現を支えます。

ＭＭＴと資産効果の関係

ＭＭＴに基づいて政府が積極的に財政出動を進めると、景気が上向きます。景気が上向くと、わたしたちの気持ちにも、「ゆとり」が生まれます。また、ＭＭＴを進めるためには、金利が低くなければなりません。

政府がインフラ投資などを進めれば、需要が生み出されます。企業の収益が増加するとの期待も高まり、株価には上昇圧力がかかるでしょう。また、不動産開発なども増加し、地価や不動産の価格も上向きます。

徐々に、「当分、わが国の景気は大丈夫だ」という成長への期待が増えます。先行きへの期待を強めた投資家は、株や不動産を購入し、資産価格が上昇します。低金利は、投資家のリスクテイクを支えます。

資産価格の上昇は、わたしたちの心理に無視できない影響を与えます。株を保有している人は株価の上昇によって時価ベースでの資産保有額が増えます。そうすると、株価が上昇していない状況に比べて消費を増やすことに抵抗感を持たなくなります。また、従来よりも値段の高い商品（高級腕時計や、高級ブランドのハンドバッグ）などを買う人も増えます。資産価格の上昇（下落）が、個人の消費を押し上げる（押し下げる）効果が資産効果です。資産効果が高まると、景気はさらに勢いづくでしょう。低金利環境が株式などへの資金流入を支え、先行きへの楽観も高まります。

２０１３年４月に日本銀行が量的・質的金融緩和を発表した後、わが国では低金利の進行が株式市場への資金流入を支えました。金利が低下すると、投資家は国債への投資から得られる利得では満足できなくなります。

低金利がリスクテイクを促し、その結果として先行きへの楽観が広がることで景気回復が進みます。それが、物価にも上昇圧力をかけます。

ＭＭＴとバブルのつながり

ＭＭＴに基づいて政府が積極的に財政出動を進めると、かなりの確率で、バブルが発生するはずです。なぜなら、ＭＭＴはバブルの発生に必要な二つの条件、「カネ余り」と「成長への過度な期待（根拠なき楽観）」をもたらすからです。

ＭＭＴには低金利が必要です。中央銀行は緩和的な金融情勢を維持するために、金融機関に潤沢な資金を供給します。同時に、企業もお金をたくさん持っています。経済全体でお金がだぶつき始めます。これが、「カネ余り」です。

金融機関は期待収益率の高い資産に資金を投じます。この結果、株価などが上昇し、他の投資家の買いが誘発されます。加えて、金利が低いため、借り入れも容易です。自己資金に借り入れたお金を加えて株式や不動産への投資を行い、より多くの利得を獲得しようとする人が増えます。

相場の高騰につられ、多くの投資家がリスクテイクに前向きになります。その結果、「もうわが国の経済は止まることのない成長局面に入った」というような、「成長への過度な期待」が金融市場だけでなく、社会全体に広がってしまいます。

その結果、資産の価格が合理的な理屈で説明できないほどに上昇しはじめて「バブル」が発生し、膨らみます。元ＦＲＢ議長のアラン・グリーンスパンは、バブルに関する名言を残しています。曰く、「バブルは崩壊して初めてバブルとわかる」、です。バブルの渦中にいると、その状況がバブルだとはわかりません。バブルが膨張する中、多くの人が「自分は真っ先に株を売るから大丈夫」と考えます。実際、１９８０年代後半のわが国の資産バブルや２０００年代前半米国の住宅バブルにおいても、多くの市場参加者が「自分は有能だから、高値で売り抜けられる」と過信していました。

しかし、将来は不確実です。いつ、どの程度の価格水準が相場のピークなのかはだれにもわかりません。にもかかわらず、多くの人が過信します。買うから上がる、上がるから買うという強気心理がさらに連鎖し、バブルは絶頂期を迎えます。歴史を振り返ると、数年の間に資産の価格が数倍に上昇したら、バブルのピークはすぐそこです。

「ＭＭＴの効果は一時的と心得よ」

バブルがはじけると、必ず後始末が必要になります。行き過ぎた不均衡を持続可能なものに直さなければなりません。それが、バランスシート調整と不良債権処理です。

バブルが崩壊すると、資産の価格は急速に下落します。借り入れを行って資産運用を行っていた人は、持っていた株や不動産を売ろうとします。その考えが一挙に増え、売るから下がる、下がるから売る、リスク回避の心理が連鎖します。

これが「バランスシート調整」に波及します。資産の価格は急速に下落します。その一方、負債の額面価額は変わりません。返済資金を賄うためには資産の売却を進め現金を確保しなければなりません。この時、投資家は「そのうち状況が好転する」という希望的観測を持っているため、小出し、小出しに資産を売却します。その間にも、市場では価格が下落し続けます。資産の下落スピードがあまりに早すぎ、返済しきれない借金が残ってしまいます。

これが、「不良債権」です。不良債権問題を放置してしまうと、銀行の自己資本と収益力が低下し続け、金融システムがマヒしてしまいます。それを防ぐためには、政府が金融機関などに公的資本を注入して、回収の見込みが立たない債権を償却しなければなりません。これは、企業の経営破綻が増えることを意味します。当たり前ですが、バブルが崩壊すると税収は落ち込み、財政事情は一段と厳しくなります。

バブルが発生すると、多くの人が「成長が続く」と過信しますが、未来永劫その状況が続くことはありません。これまでの歴史を振り返る、どこかでバブルはピークをつけ、崩壊します。今後もそうなるでしょう。

ＭＭＴの考えを重視した政策を進めることで、一時的に景気は良くなるでしょう。同時にＭＭＴはバブルの発生と崩壊につながり、最終的には不良債権処理という痛みがもたらされます。バブルが発生すると、ピークよりも前に相場の過熱を鎮静化し、景気を軟着陸させることは困難です。

経済政策の究極の目的は、経済を大きくゆがめるバブルを発生させることなく、安定した経済環境を維持することです。ＭＭＴの効果は、一時的な景気の拡大にとどまるはずです。

5-2

長期的に続けられる政策ではないかもしれない

「MMTは長く続けられるものではない」

MMTの考えを重視して政府が積極的に財政支出を増やし始めると、バブルが発生する可能性があります。バブルが崩壊すると、資産価格が急速かつ大幅に下落し、多くの人がかなりの資産を失ってしまいます。バブルは人生を左右します。バブルは経済をゆがめます。1990年代初頭のバブル崩壊後のわが国の状況はまさにそうです。

1990年に入って以降、米国では大規模なバブルの乗り継ぎが起き、景気が拡大してきました。具体的には、株式から不動産へ、その後はコモディティーへとバブルが連鎖的に発生したのです。それが世界の経済を支えました。

バブルはいずれはじけます。バブルが崩壊すると、その後始末が必要です。

足許、ユーロ圏では、バブルの後始末が終わっていません。中国では、債務問題という手の付けられないリスク（灰色のサイ）が高まっています。

加えて、銀行の不良債権処理が済んだ日米では、財政が悪化しています。両国とも政策金利は歴史的低水準にあり、金融政策の正常化も容易ではありません。

その中で主要国がＭＭＴを重視して財政の積極的な拡大を通した景気浮揚策を打ち出せば、一時的に景気は上向くでしょう。しかし、長期的に見た場合、その政策はバブルの発生と崩壊を通して、世界の債務問題を一段と深刻化させるでしょう。最終的にＭＭＴは経済をさらにゆがめる恐れがあります。ＭＭＴは長く続けられるものではないと考えます。

バブルの乗り継ぎは危険

足許の世界経済の状況を確認するためには、米国を中心に発生したバブルの歴史を振り返ることが大切です。１９９０年代半ばから２０００年まで、米国のＩＴ関連企業の株価が大きく上昇しました。これが「ＩＴバブル（～ドットコムなどの名の付く企業の株価が急騰した経済状況）」でした。２０００年９月、ＩＴバブルの中で成長が期待されていた米半導体大手のインテルの業績が突如として悪化しました。これはＩＴバブル崩壊の象徴です。

２００１年に入るとＦＲＢは積極的な利下げに転じます。９・１１米同時多発テロの影響もありＦＲＢは利下げを続け、２００３年には１％まで政策金利が引き下げられました。

このタイミングで米国ではブッシュ減税に後押しされて投資資金が不動産市場に流入し、「住宅バブル（米国の住宅を中心に不動産価格が大きく上昇し、住宅関連企業などの株価もつられて上昇した熱狂的な景気）」が発生しました。米国はＦＲＢの利下げに支えられ、ＩＴ企業を中心とする株式から不動産（住宅）へ「バブルの乗り継ぎ」を果たしたのです。米国の住宅バブルの熱狂はユーロ圏にも飛び火し、スペインなど南欧諸国を中心に欧州でも不動産市況が過熱しました。中国をはじめ新興国経済は高成長を遂げました。世界経済全体が、米国の住宅バブルの陶酔感に浸ったのです。

２００５年秋口には米住宅価格の上昇はピークアウトし、新築住宅の着工も減少に転じました。あとから見れば、これが、米住宅バブルの「終わりの始まり」だったのです。２００７年夏場には、信用力の低い家計の住宅ローン返済の行き詰まり問題が表面化し（サブプライムローン問題）、翌年にはリーマンショックが発生して世界経済は大きな危機に陥りました。

リーマンショック後、世界経済はまたもやバブルに支えられました。それが、「コモディティー・バブル」です。リーマンショックを挟み、世界経済は不動産からコモディティー・バブルへの乗り継ぎを果たします。

コモディティーとは、金や鉄鉱石、小麦などの商品を指します。２００８年11月に中国政府は４兆元の財政出動を発表し、国内の公共工事を進めることで人為的に経済成長率を押し上げようとしました。これが、世界的なコモディティー・バブルを生みました。

公共工事には、多くの資源が必要です。コンクリートやガラス、電線敷設のための銅など、世界の資源需要が中国の景気刺激策によって大幅に高まりました。それは、当時の銅の価格の推移を見るとよくわかります（図27）。

リーマンショック後、米国ではシェールガスやオイルの開発が進みました。これが、米国の労働市場の回復に大きく寄与します。景気が上向く中で、比較的信用力の低い米国のエネルギー企業は低格付けの積極的に発行します。世界的な低金利環境の中、各国の機関投資家に加え個人投資家も、相対的に高い利回りを求めて米国の低格付けのエネルギー企業の債券を積極的に買い求めました。

中国が押し上げた資源価格の楽観に米国シェールガス開発のブームが加わり、世界全体でコモディティーの価格や、エネルギー・資源関連企業の株価が大きく上昇しました。これがコモディティー・バブルです。

これにて、１９９０年代半ばから２０００年までの「株式」、２００５年秋口までの「不動産」、そして、リーマンショック後の「コモディティー」と主要な資産市場においてバブルが発生したことになります。この間、相場の熱狂に支えられて関連する企業の社債の価格も過熱しました。２０１４年の後半、コモディティー・バブルがはじけました。その原因は、サウジアラビアが世界の原油市場でのシェア拡大を狙い原油価格を大幅に引き下げたからです。

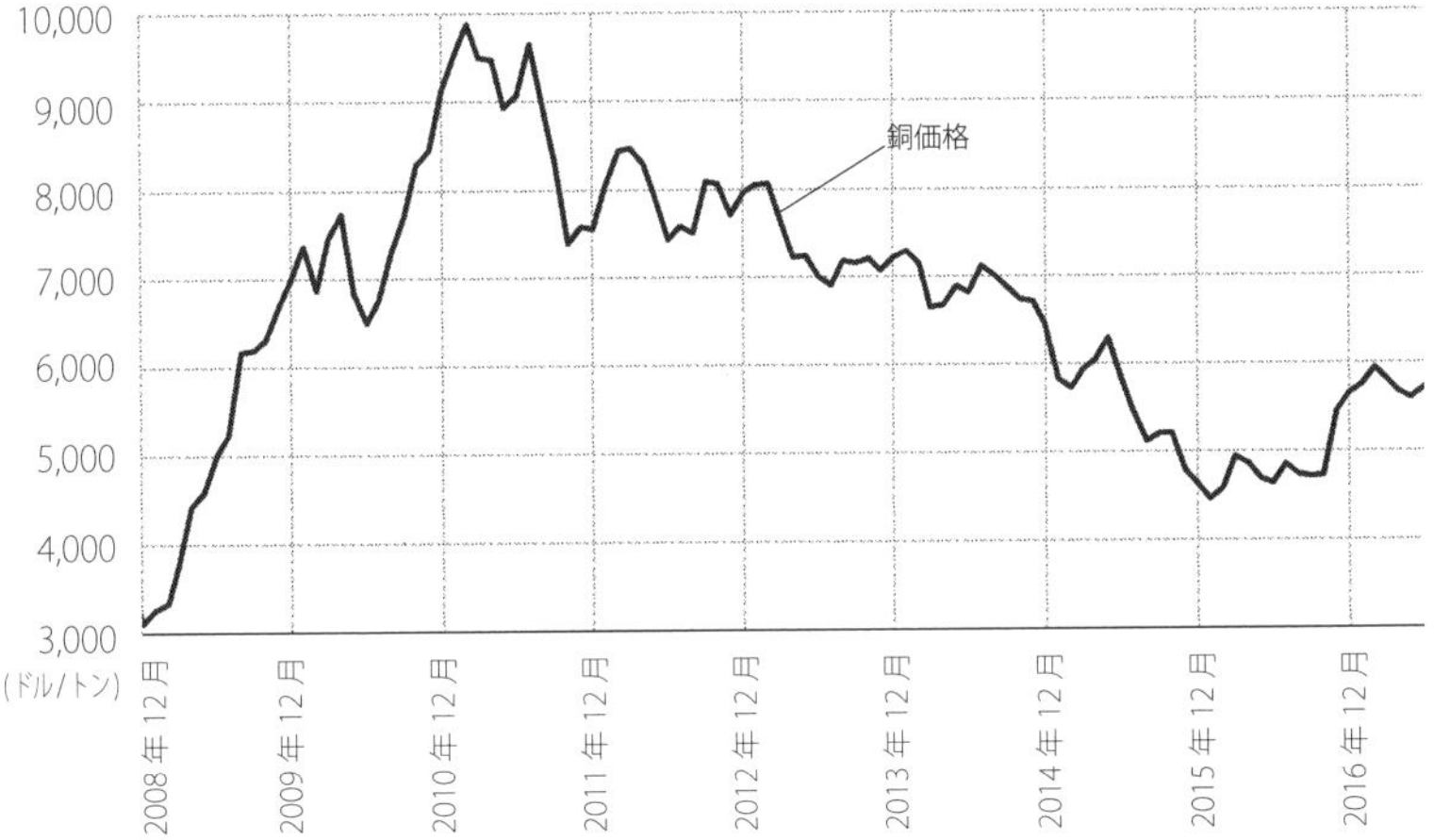

図27　銅価格の推移（データ出所：セントルイス連銀）

トランプ大統領誕生の影響度

２０１４年後半の原油価格の急落は、コモディティー・バブルの崩壊を象徴していました。経済の専門家の中には、世界的にバブルの後始末が進むと考えたものもいました。しかし、そうはなりませんでした。なぜなら、２０１６年１１月の米国大統領選挙にて、積極的な財政政策の推進を重視するトランプ大統領が誕生したからです。大規模減税などへの期待から米国の株価は大きく上昇しました。この結果、バブルの後始末は先送りされています。世界的な低金利と物価の低位安定と株価上昇という居心地の良い景気状態が続き、多くの市場参加者が先行きを楽観するようになりました。トランプ大統領誕生のマグニチュードは非常に大きかったのです。

気がかりなのは、債務の問題が一段と深刻になっていることです。

ユーロ圏では不動産バブルの後始末（不良債権処理）が進んでおらず、ドイツやイタリアの銀行セクターの脆弱性が高まっています。中国では、景気をインフラ投資などによって支えてきた結果、債務が累積し、不良債権が増えています。新興国を中心に、一般企業の債務は増加傾向にあります（図28）。

公的部門に目を向けると、わが国では財政の悪化を食い止めることが難しい状況が続いています。ユーロ圏各国ではポピュリスト政治家が人気を集めました。２０１９年に入ると、緊縮財政で経済を立て直したギリシャ政府が再度減税を重視し始めるなど、ユーロ圏の財政健全化は後退しています。

大規模なバブルの連鎖を実現することで世界経済を支えてきた米国でも、財政の悪化懸念が高まっています。それに加え、ＦＲＢはトランプ大統領の要請もあり、金融政策の正常化が難しい状況に直面しました。特に、財政赤字の拡大が懸念される中で、ＦＲＢが量的金融緩和策を通して買い入れてきた国債などを市場で売却することは難しくなっています。

歴史が始まって以来、中央銀行がひとたび膨らませたバランスシートを圧縮することは困難と論じる経済の専門家もいます（次頁図29）。

過度な政策の発動よりも、政策の正常化が大切

足許、風船を膨らまし続けるように、世界全体の債務は膨張しています。ＭＭＴの主張者はこの状況が続く、あるいは、この状況を続けようと考えているわけです。

日米欧などがＭＭＴに基づき財政赤字を気にせず、自国

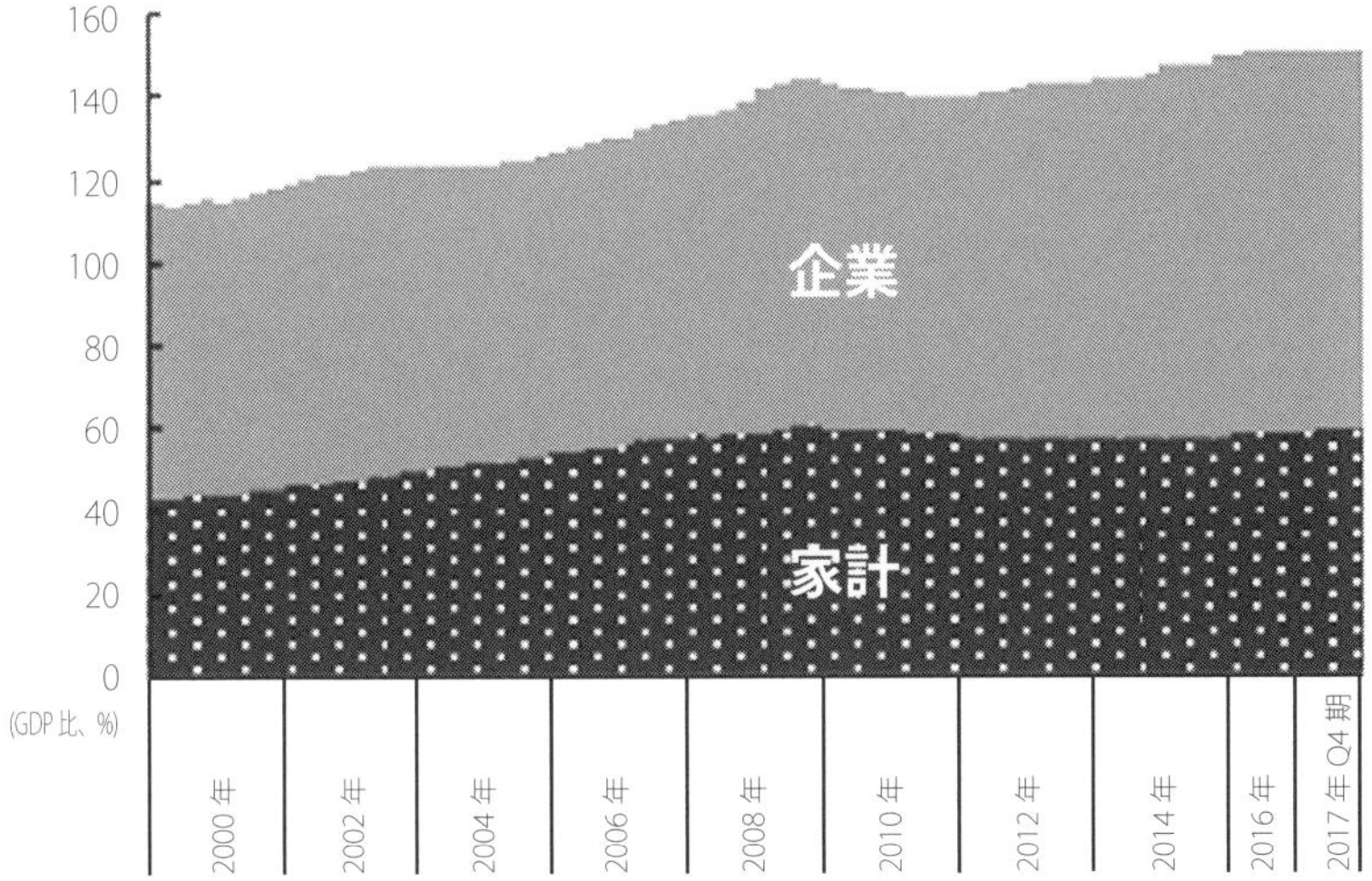

図28　民間非金融部門債務残高（家計部門と企業部門、世界全体）の推移（出所：内閣府）

建ての国債を積極的に増発し始めるとどうなるでしょう。一時の効果があるにせよ、長い目で考えるとかなりの影響があるはずです。まず、MMTが何らかのバブルを引き起こし、結果的に経済が大きく混乱しかねません。加えて、米国では財政の赤字懸念が急速に高まります。ユーロ圏では、財政赤字を嫌うドイツと、財政拡大を重視する南欧諸国の意見対立がより鮮明になるでしょう。わが国では、公債負担の増加懸念から、人々の将来不安がさらに高まるでしょう。その中で不良債権処理などバブルの後始末を進めることは、かなり難航します。

MMT主張者は、政府が必要に応じて財政出動を絞ることができると考えます。この主張に説得力はありません。すでに、BIS（国際決済銀行）は資産価格の大幅な上昇に対して、中央銀行は積極的に抑制すべきと主張してきました。しかし、実際に資産価格の上昇を中央銀行が抑えにかかれば、社会の批判は避けられません。つまり、景気が良いときにそれを政策で抑えること自体が困難なのです。

世界の中央銀行は、バブルがはじけるまでそれがバブルである

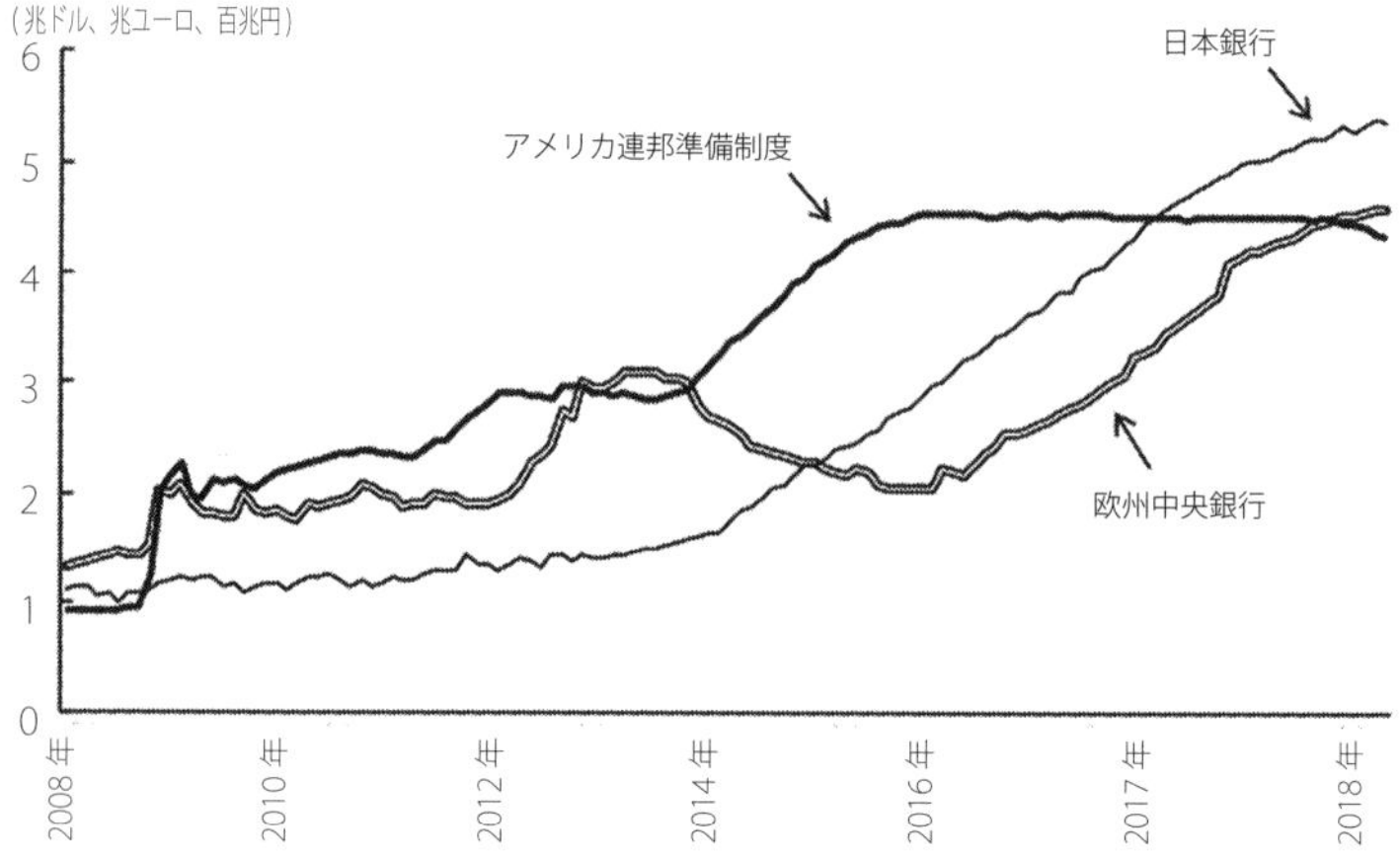

図29　日米ユーロ圏：中央銀行のバランスシートの規模（出所、内閣府）

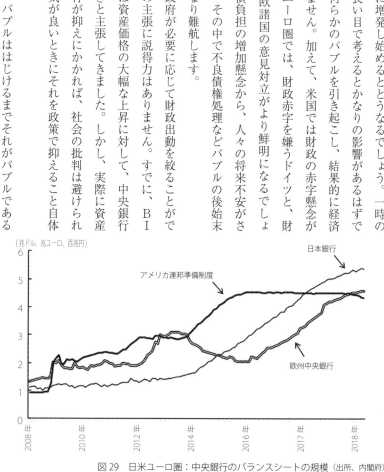

か否かはわからない、との考えに則っています。これはFRBの考え方です。バブルがはじけ、資産の急落と物価の低迷懸念が確認された段階で金融緩和を行えばよいというのがFRBの見解です。

債務の累積など、世界経済は、不安定な方向に向かっているように見えます。わが国には、構造改革に取り組みつつ規律を重視しながら財政出動を進めて景気を支え、金融政策の正常化を行うことが求められます。それに比べ、政府が財政の悪化を懸念することなく、自国通貨建ての国債を増発して景気の安定を目指すことは、一時の高揚感をもたらしたのち、経済を大きく停滞させる恐れがあります。MMTは長く続けられるものではありません。

5-3 結局、国民の負担が増える

国民の負担による金融機関の救済

これまで、MMTの考えに基づいて政府が財政悪化を気にすることなく財政の歳出を増やすと、一時的に景気は上向く可能性があることを指摘しました。最終的に、この政策はバブルを発生させるなどして、経済をゆがめてしまうと考えます。

その結果、国民には大きな負担がのしかかります。財政の悪化による将来の増税負担という問題だけではありません。増税の負担よりも前に、バブルが崩壊すると不良債権の処理を進めなければならなくなります。

これが、かなりの難題です。不良債権を処理するためには、公的資本の注入が欠かせません。それは税金を使って民間金融機関に資本を注入することです。民間金融機関の経営を税金によって解決することに関して、各国の有権者は政府を批判してきました。わが国のバブル崩壊の例をもとに、この問題を確認しましょう。

バブル崩壊後のわが国では問題の先送りが続きました。

まず、住専問題です。住専とは「住宅専門貸付会社」のことをいいます。住専は、個人向けの住宅ローンを提供することを目的に、大手の銀行や農林系金融機関の出資により設立されました。

バブルが膨らむ中、住専は大手金融機関からの融資を受けて、不動産向けの融資を拡大していきます。「不動産価格は未来永劫上がり続ける」という根拠のない楽観と熱狂に浸って、住専は積極的に不動産融資を行い多くの収益獲得を目指したのです。住専からお金を借りる側も、不動産価格の上昇を当てにして「担保の価値が上がるからお金をどんどん借りても大丈夫」と思い込んでいました。なお、このような投機熱は、わが国のバブルに限らず、他国のバブルにおいても確認されていることです。

1990年代に入りバブルが崩壊すると、住専は貸したお金を回収できなくなりました。約束した通りに元金や利息の受け取りができなくなると、貸出債権の経済的な価値は低下してしまいます。これが不良債権問題です。

ただ、銀行の経営陣や政府は、「地価や不動産価格の下落は一時的なものであり、経済が持ち直すに伴い再度上昇するだろう」と安易に考え、不良債権もいずれは回収できると判断します。その後も、不動産などの資産価格は下落し続け、この先送り戦略がワークしないことが徐々に明らかになりました。1992年頃にはこうした認識を持つ市場関係者が増えました。

住専の不良債権問題は深刻化し、大手7社をどう整理すべきかが問題となります。

1995年、政府は、住専処理機構を設立して住専から債権を買い取り、回収を進めました。同時に、住専を解散させました。この過程で発生する6・4兆円もの損失に関しては、民間金融機関に損失を負担させるとともに、政府が6800億円の資金を支出することで、収束を試みました。

住専処理の後、国内経済の低迷、問題の先送りから不良債権問題がさらに深刻化します。1999年に42兆円だった不良債権（預金取扱金融機関の合計）は、2002年には52兆円台にまで膨れ上がりました。

1998年から2003年までの間に約12兆円の公的資本が国内の銀行に注入され、不良債権処理に伴う損失の吸収とバランスシートの健全化が進められたのです。不良債権処理というバブルの後始末が、わたしたちが納めた税金に支えられたことはいうまでもありません。

ベイルアウト（公的資金を用いた救済）からベイルイン（株主等に損失を負わせる破たん処理）へ

バブル崩壊後のわが国の教訓は世界の金融機関の不良債権処理に大きな教訓を残します。それは、経済が大きく落ち込んだ場合、不良債権の可及的速やかな処理が不可避であること、公的資本の注入により銀行（金融機関）の自己資本を充実させる必要があること、です。これは、あまりに大きくてつぶせない（Too big too fail）銀行を税金によって救済する考えです。これをベイルアウトと呼びます。

リーマンショック後の米国は、わが国の教訓を活かして迅速に不良債権の買取機構を創設し、金融機関に公的資本を注入し、金融システム全体の健全化を進めました。この結果、２００９年３月に米国の株式市場は底を打ちました。同時に、米国内でも放漫な経営を続け経営陣に高給を払ってきた金融機関をなぜ税金で救済するのかという社会の不満が高まりました。同じことが欧州でも起きました。なお、リーマンショック後の金融危機の中で銀行救済に用いられた公的資金は1兆ドルと推計されています。

世論の批判を受け、米欧の政府は、金融危機の発端が規制の緩和と銀行経営者のリスク管理姿勢の弛緩にあると考え、政府による救済の前に、銀行の内部で損失を吸収すべきであると考え始めます。

これが「ベイルイン」です。ベイルインとは、銀行の債権者や株主に不良債権処理などから発生する損失を負担させ、納税者の負担を回避する考えです。２０１６年1月、ＥＵは銀行再建・破綻処理指令（BRRD）を発表し、銀行救済にはベイルインが前提であると表明しました。

しかし、同年に、欧州のベイルイン制度は早くも限界を迎えます。問題の震源地となったのがイタリアのモンテパスキ銀行です。イタリアでは、多くの個人が銀行の発行した債券を保有して資産を形成しています。そのため、基本的にモンテパスキに対してベイルインが実行されると家計が銀行の損失処理の負担を強いられます。

政治家は、銀行救済により個人投資家が負担を強いられ社会心理が悪化することを避けなければなりません。

イタリア政府は、銀行の債券を保有していた個人投資家への支援措置を実施しました。これは事実上のベイルアウトです。翌年、イタリア政府はモンテパスキ銀行を国有化し、他の中堅2行にも公的資本を注入しました。事実上、EUはイタリアのベイルアウトを容認せざるを得なかったということです。

バブルの後始末には国民負担が不可欠

モンテパスキの国有化に関して、ドイツはEUのベイルインルールに反すると難色を示しました。しかし、ドイツにとっても銀行の破綻処理の問題は他人ごとではありません。なぜなら、ドイツ国内でも最大手のドイツ銀行の経営不安が高まっているからです。ドイツ銀行の救済が必要になった際、政府は公的資本を注入するよりも前にベイルインを求めることはできないでしょう。それは、金融市場を混乱させる恐れがあります。

このように考えると、公的資本の注入という国民の負担は、バブルの後始末としての不良債権処理を進めるために不可欠です。同時に、公的資本の注入が行われると、世論は政府の対応を批判します。そのため、大きなバブルが崩壊した後、政治は不安定化し、政権の交代が増えます。これが、社会をより方向に導けばよいですが、往々にして、景気低迷局面での政権交代は、世論の不満汲み取りに向かいがちです。

MMTに基づき政府が積極的に財政出動を進めれば、バブルが発生する可能性が高まります。その後始末の負担は、国民に跳ね返ってきます。不良債権処理だけではありません。財政の再建のために、年金のカットや公共サービスの縮小など、一国の国民生活の安定と、経済成長を支える基盤そのものが大きく傷つきます。

その痛みを負担するのは国民一人一人です。

5-4 軽視できないインフレリスク

わたしたちはインフレに慣れていない

わたしたちはインフレに慣れていません。インフレとは物価が持続的に上昇することです。アベノミクスによって景気が上向いたとはいえ、モノやサービスの価格が持続的に上昇する状況にはありません。物価が上昇するということがどういうことかといえば、電車の運賃が上昇することを考えるとよいでしょう。１９８０年代から１９９０年代中頃まで、東京の地下鉄（旧営団地下鉄、現東京メトロ）は、複数回にわたって運賃を１０％以上引き上げました。

ＭＭＴの考えを重視し、政府が積極的に財政出動を進めると、どこかで物価が上昇し始めます。ＭＭＴはいずれインフレを生じさせます。その兆候を政府が的確にとらえ、経済を落ち着かせることは困難です。インフレがどのようなものか、簡単に考えてみましょう

例えば、政府が家電の販売振興策を大規模に行った結果、急速にテレビなどの需要が高まるでしょう。需要

は、わたしたちの「モノをほしいと思う気持ち」に左右されます。従来よりも自分の金銭的な負担を減らしてモノが手に入るのであれば、わたしたちはその機会を活用しようと思います。リーマンショック後のエコポイントはそのよい例です。その何倍もの規模で、政府が財政を拡張し、消費を奨励すると考えてください。

これに対して、モノの供給はすぐに増えません。正確にいえば、増やそうとしても、簡単には増やせないのです。企業は一定の需要があるだろうとの見通しをもとに生産計画を立てます。1年にテレビは1万台売れると考えた場合、その台数を生産できるだけの労働力を確保し、生産設備を整え、資材や部品を調達します。

急速に需要が高まると、企業はモノの販売価格を引き上げます。これが物価上昇の基本的なメカニズムです。問題は、MMTが想定する景気安定において、需要の高まりが財政の支出によって支えられているということです。政府が借金を増やして、そのお金を国民全体にばらまき雇用の保証を行うことが需要を刺激します。それによって、一時的には、個人の消費などが上向き、GDP成長率は上昇するでしょう。

過度な歳出は財政への信頼を毀損する

同時に、国の借金が従来以上のペースで増加することに、多くの人が不安を抱き始めます。そうなると、自分の国の通貨を持ちたくない人が増えます。お金を海外に持ち出して外貨で資産を保有する人が出てきます。金を買い求める人も増えます。こうして、財政の悪化から円の価値が下落し、インフレが進みます。

実際、ユーロ圏の財政危機が深刻化する中、多くの人が金を買い求めました。さらには、ビットコインなどの仮想通貨を買い、自分の国の通貨を売って、政府の権力の及ばないところで自らの資産を守り、生活の糧を維持していこうとする人も増えました。2017年前半、中国では国内の債務問題への懸念から、人民元を売り、ビットコインを買って資産を守ろうとする人が急増しました。（なお、中国で物価が上がりづらい状況が続いているのは、過剰な生産能力を抱えているからです）

通貨が下落すると、わが国のようにエネルギー資源や農産物を輸入に頼っている国は、輸入物価の上昇に直面します。例えば、米国産の牛肉1キロが20ドルだとしましょう。1ドル100円の時に米国産の牛肉を輸入すると2000円／キロです。国内のインフレ懸念から円安が進み、1ドル＝150円になったとしましょう。米国産の牛肉を輸入価格は3000円／キロに跳ね上がります。その負担は家計に押し寄せます。現在のわが国において、現実感を持ってこうした状況を想像できる人は少ないと思います。

1997年頃から長い間、わが国は物価が持続的に下落する「デフレ経済」および、物価が上昇しづらい経済の環境に慣れてきました。100円ショップの出店増加、小売企業による自社ブランド（PB）商品開発への注力は、人々が価格の下落を自然のことととらえてきたことを如実に示しています。その上、新興国企業の競争力向上により、世界的にモノの価格は低下し、その中で競争が一段と激化しています。

わたしたちは物価が持続的に上昇するというインフレに慣れていないのです。強いて価格が上下に動くモノを思い浮かべるとすれば、ガソリンくらいだと思います。ガソリンが上がりそうだと聞くと、多くの人が「ガソリンが高くなる前に給油しておこう」と思います。それでも、わが国全体で「ガソリンが高いから自動車に乗るのはやめにした」という人が増えているわけではありません。日本経済において、消費者は物価が持続的に上昇するという状況を想定していないといってもよいでしょう。

インフレはわたしたちを混乱させます。財政への不安が高まり通貨の価値が下落すると、人々はその国の通貨の受け取りを拒否し始めます。その結果、消費、投資、生産がとん挫し、経済がうまく回らなくなるでしょう。本当に人々が政府のことを信用できなくなると、人々は物々交換によって生活をしなければならなくなります。ベネズエラの一部ではその状況が起きています。

政府の政策は万能ではない

経済政策を運営するうえで最も難しいのは、「今、経済がどのような状況か」を的確に把握することです。1980年代後半日銀内部では、資産価格が過熱感を帯びる中で政策金利が低位にある状況について「乾いた薪の上に座っている」ようであるとの見方がありました。つまり、政策当局には、わが国の資産価格がバブルの様相を呈し、景気が過度に、持続困難なほど加熱する恐れが高まっているという危機感があったのです。しかし、円高への懸念から、必要な対策（利上げ）を行うことが遅れました。

MMT主張者は、政府が財政支出を増やすことによって需要を生み出し、インフレの懸念が出てきた場合に政府は税率を引き上げるなどして、物価の上昇を抑えることができると考えています。

しかし、ことはそう単純ではありません。政府はスーパーマンではありません。生身の人間が政治判断を下し、各省庁の業務を担っています。当然、その時々の景気が上向いているか、下向いているか、その勢いがどの程度か、長期的な変化なのか、短期的な調整なのか、金融危機などの大規模なショックのリスクがどの程度などかなど、見解は様々あるわけです。ＭＭＴが想定するように、常に適切に政府が経済をコントロールすることはできません。

結局のところ、経済状態の把握は、人それぞれの主観に左右されます。しかも、政府の景気判断には政策運営に大きく影響します。そのため、どうしても、政府は経済や金融市場の変化を慎重に確認しなければなりません。政府が即時に景気の変化をとらえ、必要な政策対応を打つことは困難です。

特に、経済が停滞してしまうと政府は世論の不満に配慮しなければなりません。本来必要な構造改革を進め、より効率的な資源の配分を目指すことは難しくなってしまいます。結果的に、失業や賃金の低下などの負担を国民に押し付けないように景気を上向かせるために、従来には想定されてこなかった過度な金融や財政の緩和、あるいは統合政府のもとでの財政拡張が重視されます。これは、今後も変わらないでしょう。

5-5 政策だけで景気が拡大し続けることはあり得ない

経済の成長には「ヒット商品」が欠かせない

1990年代の初頭に資産バブルがはじけて以降、わが国は、公共事業を中心に財政支出を増やしました。また、金融政策に関しても利下げや量的緩和にとどまらず、マイナス金利政策という「劇薬」というべき刺激策まで導入しています。

低金利の中で政府は国債の利払い費用などを抑えつつ、財源を確保することができてきました。確かに、この状況はMMTが考える「自国通貨建ての国債はデフォルトしないため、政府は財政の悪化のことを気にすることなく景気の安定を目指せばよい」という考えを実践してきたように見えはします。

しかし、バブル崩壊後わが国のGDPは政府や日銀が目指したように増加しては来ませんでした。アベノミクスが本格的に始動し始めた2013年以降は、名目GDPが増加基調です。2012年12月からわが国は景気拡張（回復）局面に移行しました（図30）。政府は今回の景気回復が戦後最長に達する可能性があると指摘していますが、国

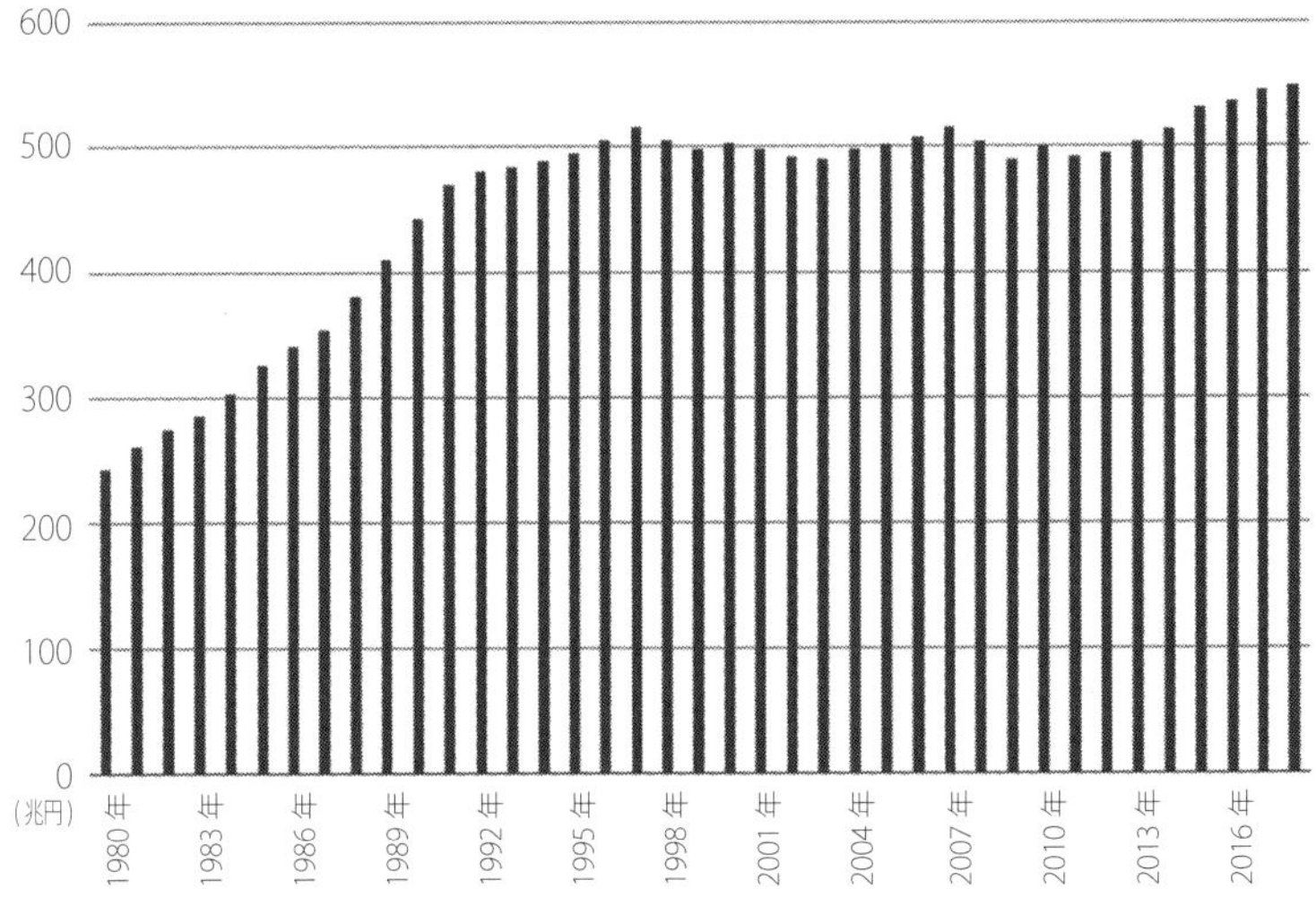

図30　日本の名目ＧＤＰの推移（データ出所：内閣府）

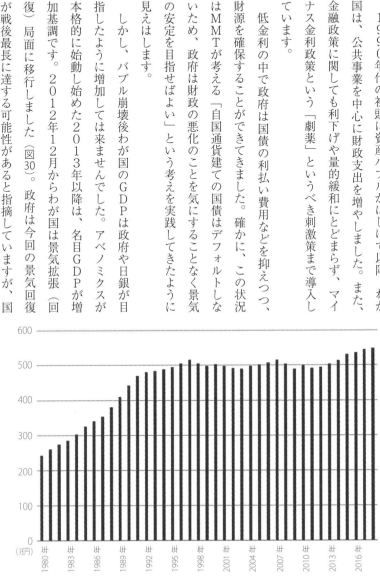

民の多くが景気回復を実感できていません。

これは、積極的な経済政策の推進だけでは経済の実力を高めることはできないということを示しています。経済が成長するためには、人々が「ほしい！」と思わずにはおれないモノを生み出すことが欠かせません。特に、わが国の個人消費はＧＤＰの60％程度を占めます。これは、とても大切な強みです。

わが国の企業が、人々がほしいと思うものを生み出すことができれば、人々の消費意欲は高まりＧＤＰは増えるはずです。個人の消費が増えれば、企業の経営内容はより前向きになるでしょう。つまり、人々が新しい発想を生み出そうとする意欲を持ち、その考えをモノ（製品）に反映させて、付加価値を生み出そうとするようになることが期待されます。こうした前向きな考え方が増えることは、人々に新しい価値観を与え、新しい生き方を実現することにつながります。それが、経済が成長するということです。

かつて、わが国は人々がほしいと思うものを生み出し、成長を実現してきました。自動車、カラーテレビなどはその代表例です。最も有名なヒット商品は、ソニーのウォークマンです。ウォークマンが登場するまで、音楽を聴くといえば、自宅のリビングなどで大きなステレオを使うことが当然でした。しかし、ソニーは、小型かつ高音質のカセットプレイヤーを実現することで、自宅で聞くことが当たり前だった音楽を、好きな時に、好きな場所で聞くことを可能にしました。

これぞまさに常識を覆し、新しい生き方を生み出すということです。これまでにもあったモノを改良しても、人々に大きな驚きを与え、新鮮かつ鮮烈な印象を与えることは難しいのです。それまでにはなかった発想を実用化し、新しいものを生み出すことこそが需要を生み出します。新しものが生み出されれば、それに関連するサービスも登場します。

トヨタのハイブリッド・システムにも同じことがいえます。ハイブリッドカーのプリウスは、モーターとガソリンエンジンを組み合わせることによって、それまでの自動車では実現できなかった燃費性能を達成しました。トヨタが消費者に、環境への配慮や、静かな車内空間など、従来にはない「持つ喜び」を提供できたからこそ、プリウスは世界的にヒットしました。

近年わが国ではスマートフォンを使ったフリマアプリやカーシェアなどのシェアリングエコノミーが人気です。なぜでしょうか。それは、お金を節約できるからです。カーシェアなどは確かに便利です。しかし、それを上回る魅力的な新商品が登場しなければ、わが国の個人消費は伸び悩み、今後も経済の停滞が続く恐れがあります。

イノベーションの重要性

これまでにはなかったヒット商品を生み出すことが、企業（企業家）の役割です。重要なことは、過去の発想の延長線上に新しい発想が生まれるのではなく、人々の創意工夫の結果として、非連続に新しい発想やモノが生み出されるということです。

オーストリア出身の経済学者であったヨーゼフ・シュンペーターは『郵便馬車をいくら連続的に加えても、それによって決して鉄道を手に入れることはできない』と説きました。これまでと同じことを続けたとしても、新しいものは生まれません。シュンペーターは、企業家が新しい結合を生み出すことが、経済成長の源泉であると説きました。

これが「イノベーション」です。わが国ではイノベーションを技術革新と訳すことが多いようですが、これはシュンペーターの考えを適切に言い表してはいません。なぜなら、シュンペーターの主張するイノベーションは、技術（機械の高度かつ精緻なメカニズムなど）のみを対象としていないからです。

イノベーションとは、新しい発想を実現することです。シュンペーターは５つのイノベーションの類型を提唱しました。

①新しい財貨の創出（プロダクト・イノベーション）：消費者の間でまだ知られていない財貨（モノ）や新しい品質の財貨を生み出す。
②新しい生産方法の確立（プロセス・イノベーション）：これまでにはなかった生産方法の導入。これは決して新しい発想に基づく必要はない。
③新しい販路の開拓（マーケティング・イノベーション）：新しい市場に参入し、需要を開拓する。
④原料あるいは半製品の新しい供給源の獲得（サプライチェーン・イノベーション）：原料や供給源が既存のものであるか、単に見逃されていたのか、その獲得が不可能と見なされていたかは問わない。
⑤新しい組織の実現（オーガニゼーショナル・イノベーション）：独占の状態を打破する。

この5つのイノベーションは、個別の企業の経営だけでなく、政策にも重要な示唆を含みます。つまり、特定の産業などで特定の企業があまりにも大きくなりすぎた場合には、規制を緩和するなどして競争原理が働きやすい環境を目指すことが重要です。

どのようにすればイノベーションを発揮し、経済の実力を高めて成長を実現することができるかは非常に興味深いポイントです。現状、どのようにすればイノベーションを喚起できるか、明確な理論は構築されていません。重要なことは、人々のチャレンジする気持ちを支え、新しい取り組みを支えることです。それが、構造改革の役割です。

理論的に考えると、経済政策の組み合わせ（ポリシー・ミックス）は、金融政策と財政政策と構造改革です。わが国のようにインフラ投資が一巡し、社会が成熟した経済においては、金融政策と財政政策よりも、構造改革の推進が重要です。つまり、環境の変化に合わせてかつての価値観に基づいたルールや規制を見直し、より企業の活力が高まるように経済の構造を変えていくのです。金融政策は資金の調達コストを低下させることで、構造改革とそれを基盤とした民間の投資を支える役割を持ちます。

アップルの iPhone はイノベーションの一例です。iPhone は故スティーブ・ジョブズのシンプルさ、スマートさへのこだわりが生み出したヒット商品です。iPhone は、世界的なスマートフォンの普及の基礎となり、SNS（ソーシャル・ネットワーキング・サービス）、スマホ決済、スマホゲームなど様々なサービスが生みだされる基盤となりました。それと同時に、デジタルカメラやCDなど、かつて常識であったモノの存在感が低下しています。

新しいモノを生み出し、ヒットを実現させることができれば、需要は生み出すことができます。それが、経済が成長するということです。

ＭＭＴの考えを基にして景気刺激策を進めることと、ヒット商品を生み出すことは異なります。ヒット商品の創造のためには、政府が構造改革を進め、企業の創意工夫や人々のチャレンジする前向きな気持ちが高まりやすい環境を目指すことが欠かせません。

5-6 わが国の財政状況はすでに「火の車」

財政の安定は経済発展の礎《いしづえ》

すでにわが国の財政状況は、「火の車」です。

少子化、高齢化に加え人口の減少が進む中、長期的に（税率が大幅に変わらないのであれば）税収は減少傾向をたどります。一方、高齢者はすでに受け取っている医療、年金などのベネフィットを手放したくはありません。投票率の高い高齢者からの支持は、政治家にとっても無視できません。少子化と高齢化と人口減少が３つセットで同時に進む中、わが国の財政状況は一段と厳しい状況を迎えることになるでしょう。

一人一人が、財政が悪化するとどのような影響があるかを、自分のこととして考える必要があります。財政は、国が発展するための礎です。社会保障や防衛、治安の維持は、日々の安心できる生活の実現に欠かせません。それに加えて、教育の充実のためにも財源が必要です。財政が悪化すれば、こうした持続的な国の成長と発展を目指すことが行き詰まってしまいます。

ＭＭＴを支持する人は、日銀が低金利政策にコミットし続ける中、わが国は自国通貨建ての国債を発行し続けることで景気の安定を目指すことができると説いています。また、この考えに基づけば、財源確保のために増税を行う必要もなくなります。これまでにも述べた通り、財政支出が増えれば景気は一時的には上向きます。

問題は、それが長く続く保証はないということです。加えて、政府が債務の発行を増やせば、将来の世代は国家債務の返済負担の増大に直面します。その結果、自国通貨の減価からインフレ圧力が高まったり、資産を海外に移して守ろうとする考えが増えたりすると、経済は不安定化します。

そうなってから政府が財政を立て直そうとすれば、かなりの痛みを国民が負担しなければなりません。例えば、政府は消費税率の引き上げを進めるなどして財源を確保し、歳出を減らして国債の償還のためのお金を確保しなければならなくなります。

税の負担が増せば、わたしたちが自由に使うことのできるお金は減ってしまいます。企業のイノベーションも抑圧されてしまいます。ヒット商品が生み出されなければ、わが国の経済はより長期の停滞に向かう恐れがあります。重要なことは、企業はその経営戦略に基づいて、事業を行う場所を変えることができることです。もし、わが国の企業が国内よりも、海外に本拠点を構えたほうが税制や事業戦略上有利であると判断するなら、海外移転が加速するでしょう。国内から海外に企業が出ていくと、雇用や所得に大きな影響が出ます。

欧州の財政危機が深刻化する中、ギリシャやイタリアは、国民に負担を強いる改革を断行せざるを得ませんでした。そうでもしなければ、市場参加者が政府のことを信用してくれなかったからです。同時に、危機的な状況の中での緊縮策は政治家への不信を高めてしまいました。そのため、イタリアでは、ポピュリスト政治家が政権を握り、財政拡大を重視しています。一旦、財政の拡張を求める世論と政治的利害が結び付いてしまうと、それを食い止めることは容易ではありません。

財政問題は他人事にあらず

見方を変えれば、わたしたちはどのように生きていくかを真剣に考えなければなりません。財務省の資料を見ると、各国との比較を行うとわが国の社会保障の負担（税金による負担）が低い一方、社会保障関連の支出が中程度であることがよく示されます。加えて、高齢化によってわが国の歳出に占める社会保障関係費の割合は増加してきました。わが国は公債の発行によって増大する社会保障関係費を賄っています。

この状況をいつまでも続けることは困難です。社会保障を維持するために、相応の負担は避けられません。わたしたちは、自分の人生に自分で責任を持つことを真剣に考えなければならない時を迎えています。

政府は、「社会保障と税の一体改革」の考え方に基づき、消費税率の引き上げなどにより社会保障の財源を確保しつつ、給付の抑制などを通して社会保障制度の持続性を高めようとしてきました。ただ、社会全体で消費税率引き上げの重要性が共有されているとはいいづらい状況が続いています。
なぜなら、多くの人が、漠然と「なんとかなる」と思ってしまっているからです。その大きな原因の一つは、終身雇用の考え方にあると思います。

終身雇用は、わが国におけるかつての幸福のモデルでした。

第2次世界大戦後から1990年代初頭のバブル崩壊まで、わが国の経済は成長しました。経済全体のパイが拡大する中、企業にとって、終身雇用を就業者に提供して長期の視点で労働力を確保しつつ、組織全体の「調和」を重んじた経営を行う意義は高かったのです。終身雇用は、国民にとっても雇用の喪失を不安に思うことなく、安定した生活を送るうえで重要です。そのため、良い大学を出て、よい企業に入り、周囲と仲良くやっていくことが社会全体で重視されました。加えて、医療や年金に関しても企業が責任を持って取り組んできました。

しかし、1997年、わが国の幸福のモデルは機能不全に陥りました。それまで、つぶれることはないと考えられてきた大手銀行などが経営破綻に陥ったからです。それ以降、わが国の企業の経営方針は大きく変わりました。企業の年金制度を見ても、確定給付ではなく確定拠出型の年金制度を導入する企業が増えています。これは、企業が従業員の人生に責任を持つだけの余力を失ったことと言い換えられます。

思うような就職先を得られなかった、あるいは自分自身の生き方を重視したいという考えから、非正規雇用を選択する人も増えました。それに対してわが国の企業では、正規雇用者の福利厚生を重視してきたため、正規・非正規間の賃金や処遇の格差が問題になっています。財政、雇用、働き方など様々な面でわが国の制度は環境に適応できなくなっています。

もし、わたしたちが自分自身で責任を持つのではなく、国に生活の安心を提供してもらいたいのであれば、相応の負担を覚悟しなければなりません。デンマークなどの北欧諸国では政府が国民に高い税率負担を求め、政府は生活の安心を国民に提供しています。わたしたちは自分で人生に責任を持って、自らの能力やスキル、資産運用などを行うか、それとも、財源を負担して財政の持続性を実現しつつ社会保障内容を維持あるいは拡充させるか、選択を迫られています。それが長引けば長引くほど、政府の債務は増大し、財政は悪化するでしょう。

経済政策への過度な期待は禁物

2019年前半の時点で、世界経済全体はなんとか安定を維持しています。ただ、米中の通商摩擦、欧州各国の政治不安(ブレグジットなど)、中国経済の減速、地政学リスクなど、世界経済の減速懸念を高める要因は増えています。大きな混乱が避けられているのは、米国の景気が緩やかな回復を続けてきたからです。

ただ、この状況がいつまでも続く保証はありません。

世界経済の成長率低下懸念が高まれば、各国の世論は従来に増して強力な景気刺激策の発動を求めます。すでに、主要国の金融政策の緩和余地は限られています。構造改革を進めることも容易ではありません。どうしても、財政出動への期待は高まりやすくなっています。MMTへの注目、あるいは期待はさらに高まるでしょう。実際に財政の悪化を気にする必要はないと考え、財政出動を通した需要喚起策を強力に推進しようとする国が表れても不思議ではありません。

すでに米国はその方向に向かっています。トランプ大統領も民主党も2兆ドル規模のインフラ投資策を重視しています。中国も当面は減税や公共投資など財政政策を活用して景気を支えざるを得ないでしょう。財政出動を増やせば、一時的に景気は上向きます。一方、成長率が低下する中で税収は減少し、財政の悪化も進みます。結果的に、世界全体で債務の問題が深刻化し、大きな調整が避けられなくなるかもしれません。

ＭＭＴへの注目が高まっている状況下、わたしたちは、今の状況を続けるか、それとも改革を進めてより活気ある経済を目指すか、大きな選択に迫られています。民間のイノベーション力を発揮して経済の実力を引き上げることを目指すか、それとも低金利を維持しつつ積極的な財政出動に向かうか、一人一人の考え方と、政治の意思決定の重要度は増します。経済の成長がヒット商品の創造に支えられていることに基づけば、わが国は前者の考えを追求しなければなりません。その考えをわたしたち一人一人が大切と思うことができるか否かが、わが国財政の持続性と経済の安定に無視できない影響を与えます

参考文献

池尾和人（編）［２００９］不良債権と金融危機（Vol.4）．慶應義塾大学出版会．
岡本直樹［２００１］「デフレに直面する我が国経済―デフレの定義の再整理を含めて」経済月報（597）53-107
EAPADiscussionPaperDP/01-1
翁邦雄、北村行伸［２０１６］「対談マイナス金利付き量的・質的金融緩和を問いなおす（特集マイナス金利政策と日本経済）」
経済セミナー（No.692, pp.10-24）日本評論社
河村小百合［２０１４］「財政再建の選択肢（上）」金融財政ビジネス
川本卓司、篠崎公昭［２００９］「賃金はなぜ上がらなかったのか？―２００２～０７年の景気拡大期における大企業人件費の抑制要因に関する一考察―」日本銀行ワーキングペーパーシリーズ
木内登英［２０１７］「「デフレ脱却」とは何か？」株式会社野村総合研究所
木内登英［２０１９］「米国で広まる経済理論ＭＭＴの危うさ」株式会社野村総合研究所
金融庁［２０１７］「平成２８事務年度金融レポート」
金融庁［２０１８］「地域銀行有価証券運用モニタリング中間とりまとめ」
黒田東彦［２０１３］「日本の非伝統的金融政策と国際金融システム安定に向けた取り組み」カンザスシティ連邦準備銀行主催シンポジウム（米国ワイオミング州ジャクソンホール）講演、日本銀行

参考文献

香西泰、白川方明、翁邦雄［２００１］「バブルと金融政策：日本の経験と教訓」日本経済新聞社

香西泰、伊藤修、有岡律子［２０００］「バブル期の金融政策とその反省」日本銀行金融研究所金融研究２０００.１２

厚生労働省［２０１６］「平成２８年版労働経済の分析〔平成２８年９月３０日閣議配布〕」

小立敬［２０１５］「欧米におけるベイルインの導入状況と論点の整理」野村資本市場クォータリー　２０１５Spring

財務省［２０１９］「説明資料（わが国財政の現状等について）」

財務省［２０１８］「日本の財政関係資料」

鎮目雅人［２００９］「両大戦間期の日本における恐慌と政策対応　―金融システム問題と世界恐慌への対応を中心に」日本銀行

首相官邸「住専処理策について」
https://www.kantei.go.jp/jp/kakugikettei/jyusen/index-j.html

シュムペーター、Ｊ・Ａ［１９１２］「経済発展の理論」岩波書店

白川方明［２０１２］「社会、経済、中央銀行」ForeignPolicyAssociation（ニューヨーク）における講演日本銀行

白川方明［２０１８］「中央銀行　セントラルバンカーの経験した３９年」東洋経済新報社

菅原歩［２００９］「カナダとＩＭＦ、１９５０‐１９６２年：資本移動と変動相場制」

妹尾芳彦、塩屋公一、鴫原啓倫［２００９］「バブル及びデフレについて―基本的概念と歴史的事実を中心に」内閣府経済社会総合研究所　NewESRIWorkingPaperSeriesNo.9

週刊エコノミストOneline［２０１８］「白川前日銀総裁ロングインタビュー「中央銀行は、長い目で見て経済のインフラを

作る「黒衣」」
内閣府［2001］「平成13年度　年次経済財政報告」
内閣府［2002］「デフレ問題の論点整理　デフレ問題スタディ・グループ報告」
内閣府［2007］「平成19年度　年次経済財政報告」
内閣府［2012］「平成24年度　年次経済財政報告」
内閣府［2013］「デフレ脱却と持続的な経済成長の実現のための政府・日本銀行の政策連携について（共同声明）」
内閣府［2015］「平成27年度　年次経済財政報告」
内閣府［2015］「日本経済の潜在力の発揮に向けて」
内閣府経済社会総合研究所企画・監修、吉川洋編集［2009年］「「バブル／デフレ期の日本経済と経済政策」第2巻『デフレ経済と金融政策』」慶應義塾大学出版会
日本銀行　「日本銀行百年史」
https://www.boj.or.jp/about/outline/history/hyakunen/index.htm/
日本銀行［2016］「「量的・質的金融緩和」導入以降の経済・物価動向と政策効果についての総括的な検証」
日本銀行［2016］「金融緩和強化のための新しい枠組み：「長短金利操作付き量的・質的金融緩和」」
日本銀行［2018］「2017年度の金融市場調節」
日本銀行［2018］「強力な金融緩和継続のための枠組み強化」
日本経済新聞「日銀総裁、2％物価目標「早期に実現したい」」2013年1月22日

日本経済新聞「「マイナス金利で３０００億円減益」金融庁、日銀に懸念伝達」２０１６年8月13日

日本経済新聞「「インフレ過度に恐れるな」ＭＭＴ提唱者のケルトン教授一問一答」２０１９年4月13日

福田慎一、鯉渕賢［２００６］「不良債権と債権放棄―メインバンクの超過負担」経済研究 57（2）110-120.

福田慎一［２０１６］「２１世紀型の長期停滞論：基調講演福田慎一氏（東京大学大学院経済学研究科教授）」経済のプリズム（153）1-46

福田慎一［２０１７］「長期停滞懸念下におけるマクロ経済：最近の議論のオーバービューと日本経済への含意」内閣府経済社会総合研究所「経済分析」第１９３号２０１７年

福田慎一［２０１８］「２１世紀の長期停滞論」平凡社新書

宮尾龍蔵［２００７］デフレと日本経済神戸大学経済経営研究所附属政策研究リエゾンセンター

森川正之［２０１８］「生産性誤解と真実」日本経済新聞出版社

吉岡真史［２０１１］「デフレの原因はひとつではない」総務省　統計 Today　No.36

吉川洋、宮川修子［２００９］「産業構造の変化と戦後日本の経済成長」RIETIDiscussion

Bank of Canada [2005] "A History of the CANADIAN DOLLAR"

Bernanke, B. [2015] "Why are interest rates so low, part 2: Secular stagnation", Brookings

Bernanke, B. [2015] "Why are interest rates so low?" Ben Bernanke's Blog. Brookings

Blanchard, O. J., & Summers, L. H. [1986] "Hysteresis and the European unemployment problem" NBER macroeconomics annual, 1, 15-78.

Furman, Jason, and Lawrence H. Summers. [2019] "Who' s Afraid of Budget Deficits: How Washington Should End Its Debt Obsession." Foreign Aff. 98 : 82.

Gordon, R. J. [2012] "Is US economic growth over? Faltering innovation confronts the six headwinds" National Bureau of Economic Research, (No. w18315)

Gordon, R. J. [2013]" Is U.S. Economic Growth Over? Faltering Innovation Confronts the Six Headwinds," NBER Working Paper, no. 18315, National Bureau of Economic Research.

Gordon, R. J. [2015] "Secular stagnation: A supply-side view" American Economic Review,105(5), 54-59

Gordon, R. J. [2018] "Declining American economic growth despite ongoing innovation" Explorations in Economic History 69 1-12

Hansen, A. H. [1939] "Economic progress and declining population growth" The American economic review, 29(1), 1-15

Hansen, B. E. [2001] "The new econometrics of structural change: dating breaks in US labour productivity" Journal of Economic perspectives,15(4), 117-128

IMF [2018] "WORLD ECONOMIC OUTLOOK Challenges to Steady Growth"

Mitchell, William F., and Warren B. Mosler. "Fiscal policy and the job guarantee." (2001).

Mosler, Warren. [1997] "Full employment and price stability." Journal of Post Keynesian Economics 20.2: 167-182.

Mundell, Robert A. [1963] "Capital mobility and stabilization policy under fixed and flexible exchange rates." Canadian

Journal of Economics and Political Science/Revue canadienne de economiques et science politique 29.4 : 475-485.

Posen, A. S. [2015] “Some Big Changes in Macroeconomic Thinking from Lawrence Summers” Peterson Institute for International Economics

Samuelson, Paul, and William Nordhaus. [2005] “Economics. 18th International ed.” New York, NY: McGaw Hill.

Summers, L. [2013] “IMF Fourteenth Annual Research Conference in Honor of Stanley Fischer”

Summers, L. [2013] “Why stagnation might prove to be the new normal” Financial Times, 15, 17

Summers, L. H. [2014] “Reflections on the ‘new secular stagnation hypothesis’” Secular stagnation: Facts, causes and cures, 27-38

Summers, L. H. [2014] “US economic prospects: Secular stagnation, hysteresis, and the zero lower bound” .Business Economics,49(2), 65-73

Summers, L. H. [2015] “Demand side secular stagnation” American Economic Review,105(5), 60-65.

Summers, L. H. [2015] “Have we Entered an Age of Secular Stagnation?” IMF Fourteenth Annual Research Conference in Honor of Stanley Fischer, Washington, DC. IMF Economic Review, 63(1), 277-280.

Summers, L. [2015] “On Secular Stagnation: Larry Summers Responds to Ben Bernanke” . Ben Bernanke’ s Blog. Brookings

Summers, L. H. [2016] “The age of secular stagnation: What it is and what to do about it” . Foreign Affairs March/April 2016 Issue

Summers, L. H [2016] "Secular stagnation and monetary policy" Federal Reserve Bank of St.Louis Review, Second Quarter 2016

Summers, L. [2017] "Secular stagnation even truer today" Wall Street Journal,25.

Thiessen, G. [2000] "Why a floating exchange rate regime makes sense for Canada" Speech by Mr Gordon Thiessen, Governor of the Bank of Canada, to the Chambre de commerce du Montréal métropolitain, Montreal, Quebec, 4 December 2000.

Turner, A. [2015]" The Case for Monetary Finance An Essentially Political Issue" , IMF

Williams, J. C. [2015] "The economic outlook: live long and prosper" Presentation to UCLA Anderson School of Management Los Angeles, California, Federal Reserve Bank of San Francisco

Yellen, J. L. [2016] "Macroeconomic research after the crisis" In Speech given at the 60th Annual Economic Conference, Federal Reserve Bank of Boston,94

真壁昭夫

1953年神奈川県生。法政大学大学院政策創造研究科教授・多摩大学大学院客員教授・旭化成社外監査役。1976年一橋大学商学部卒業、1983年7月ロンドン大学経営学部大学院（修士）卒業。第一勧業銀行、信州大学経済学部大学院講師、内閣府経済動向分析チームメンバー、慶応大学理工学部講師、みずほ総合研究所調査本部主席研究員、立教大学経済学部会計ファイナンス学科講師、日本商工会議所政策委員会・学識委員、東証アカデミーフェロー、信州大学経済学部教授、FP協会評議委員、行動経済学会理事などを経て、現職。

主要著書に『仮想通貨―銀行は消える日』『逆オイルショック』(祥伝社)、『ドイツ・中国経済同盟』『日の丸家電の命運』(小学館)、『未知のリスクにさらされる世界の経済』(日経新聞社・共著)、『よくわかる金融政策の見方・読み方』『よくわかる景気の見方・株価の読み方』『よくわかる為替の見方・読み方』(近代セールス)、『２０１３年メードインジャパンの大逆襲』(光文社)、『日本がギリシャになる日』(ビジネス社)、『行動経済学入門』(ダイヤモンド社)、『実戦行動ファイナンス入門』(アスキー新書)、『下流にならない生き方』『最強のファイナンス理論―心理学が解くマーケットの謎』『ゼロから分かる個人投資』(講談社)、『ファイナンス理論の新展開』(共著、日本評論社)、『行動ファイナンスの実践』(監訳、ダイヤモンド社)、『国債と金利をめぐる３００年史―英国・米国・日本の国債管理政策』(東洋経済新報社)、『はじめての金融工学』(講談社現代新書)、『日本テクニカル分析大全』(共著、日本経済新聞社)、『自分の年金は自分で作る』(共著、実業之日本社)、『投資判断の極意』『これからの年金・退職金がわかる本』『図解金融のすべて』(PHP)、『リスクマネーチェンジ』(共著、東洋経済新報社)、『行動ファイナンス』(監訳、ダイヤモンド社)、(PHP)、『資本コストの理論と実務』(共訳、東洋経済新報社) など多数。

日本は借金し放題？　暴論か正論かを見極める
MMT（現代貨幣理論）の教科書

2019年8月13日　初版第1刷発行
2019年8月29日　　　第2刷発行

著　者　真壁昭夫《まかべあきお》

発行者　中野進介

発行所　株式会社ビジネス教育出版社
〒102-0074　東京都千代田区九段南4丁目7番13号
TEL 03-3221-5361（代）　fax 03-3222-7878
email: info@bks.co.jp
url: http://www.jimotonohon.com/

印刷・製本　中央精版印刷株式会社

ブックデザイン　尾形忍(Sparrow Design)　漫画：sinka

ISBN 978-4-8283-0778-7